DE LA SITVATION DV PARADIS TERRESTRE

A PARIS
Chez Jean Anisson
Directeur de l'Imprimerie Royale

TRAITTÉ DE LA SITUATION DU PARADIS TERRESTRE.

A MESSIEURS DE L'ACADEMIE FRANÇOISE.

Par Messire PIERRE DANIEL HUET, nommé à l'Evesché d'Avranches, de l'Academie Françoise.

A PARIS,
Chez JEAN ANISSON, Directeur de l'Imprimerie Royale, ruë Saint Jacques, à la Fleur de Lis de Florence.

M. DC. XCI.
AVEC PRIVILEGE DV ROY.

TABLE
DES CHAPITRES
ET DES SECTIONS
de ce Traitté.

PREFACE.

I. *Occasion & argument de cét ouvrage.* 1

II. *Maniere dont il est traitté.* 4

III. *Diversité d'opinions sur la situation du Paradis terrestre,* 4

IV. *sur ce qui a quelque rapport à cette situation,* 7

V. *& mesme sur d'autres points concernans le Paradis, qui sont hors de nostre sujet.* 9

VI. *M. Bochart qui avoit dessein de traitter cette matiere, n'a point fait connoistre nettement sa pensée.* 10

VII. *On ne peut découvrir la situation*

ã ij

du Paradis, que dans les paroles de Moyse. 13

CHAPITRE PREMIER.

Texte de Moyse, & exposition sommaire de nostre opinion.

I. *Texte de Moyse, où la situation du Paradis est décrite.* 15

II. *Les opinions qu'on a proposées jusques icy, ne s'accommodent pas avec les paroles de Moyse, qui la marquent exactement.* 16

III. *Nostre opinion est la seule qui s'y accommode.* 18

IV. *Breve exposition de nostre opinion.* 19

V. *Aucune opinion n'approche plus prés de la nostre, que celle de Calvin & de Scaliger.* 21

DES CHAPITRES.

CHAPITRE SECOND.
Explication du huitiéme verset du chapitre second de la Genese.

I. Obscurité & ambiguité de ce huitiéme verset. 22
II. Ce que c'est que le mot Eden. Plusieurs le prennent pour un nom appellatif. 24
III. D'autres varient : mais la plus grande partie le prend pour un nom de lieu. 26
IV. Distinction frivole des Rabbins entre Eden marqué de cinq points, & Eden marqué de six. 28
V. La préposition qui est ajoûtée au mot Eden, prouve que c'est un nom de lieu. 29
VI. Plusieurs lieux ont porté le nom d'Eden. 30
VII. Situation d'Eden où estoit le Paradis. 33

TABLE

CHAPITRE TROISIEME.

Continuation de l'explication du huitiéme verset.

I. Nouvelle ambiguité de ce verset dans le mot Ebreu Mikkedem. 38
II. Mikkedem peut signifier le temps & le lieu : mais icy il signifie principalement le lieu. 44
III. On pourroit alleguer pour le prouver la coustume ancienne des Chrestiens, de tourner leurs Eglises vers l'Orient. 46
IV. Moyse a toûjours employé le mot Mikkedem dans la signification du lieu. 48
V. Moyse a voulu signifier icy par le mot Mikkedem, que le Paradis estoit situé dans la partie orientale d'Eden. 50

DES CHAPITRES.

CHAPITRE QUATRIE'ME.
Explication du dixiéme verset.

I. *A*mbiguité du dixiéme verset. 54
II. Fondement de l'opinion, qui fait sortir les quatre fleuves du Paradis d'une mesme source, & rentrer sous la terre, pour aller renaistre ailleurs. 58
III. L'opinion qui établit, que le fleuve qui sortoit d'Eden, pour arroser le Paradis, avoit sa source hors du Paradis & d'Eden, est mieux fondée. 62
IV. Elle est appuyée sur la description mesme de Moyse. 63
V. On commence à connoistre plus précisément la situation du Paradis. 65

TABLE

CHAPITRE CINQUIE'ME.
Continuation de l'explication du dixiéme verset.

I. *Nouvelle ambiguité de ce verset. La division du fleuve se faisoit hors du Jardin.* 67

II. *Les quatre testes en quoy se divisoit le fleuve, estoient quatre fleuves différens.* 70

III. *Pourquoy ces quatre fleuves sont appellez testes.* 73

CHAPITRE SIXIE'ME.
Explication de l'onziéme verset.

I. *Idée générale du cours de l'Euphrate, & du Tigre.* 78

II. *La face du païs que parcourent l'Euphrate & le Tigre, est bien changée depuis Moyse.* 80

III. *L'Euphrate dans les commence-*

DES CHAPITRES.

mens n'avoit qu'un seul canal, qui se joignoit au Tigre ; mais depuis on en a tiré plusieurs autres. 82

IV. Autres canaux encore tirez de l'Euphrate. 85

V. Autres changemens arrivez en ces quartiers. 88

VI. Quelques-uns ont nié sans raison que le Tigre & l'Euphrate joints ensemble se separent, avant que de tomber dans la mer. 92

CHAPITRE SEPTIE'ME.

Continuation de l'explication de l'onziéme verset.

I. La plus commune opinion touchant le Phison, est que c'est le Gange. 95

II. Fondemens de cette opinion : 97

III. qui ne satisfait pas aux objections. 100

IV. D'autres ont crû que le Phison est d'Inde ; d'autres, l'Hydaspe ;

TABLE

	d'autres, l'Hyphasis ;	102
V.	Haython, l'Oxus ;	103
VI.	plusieurs Rabbins, le Nil ;	104
VII.	d'autres, le Phase ;	104
VIII.	quelques-uns, le Danube ;	105
IX.	quelques autres, le Naharmalca ;	106
X.	& d'autres enfin, le canal oriental des deux en quoy se partagent le Tigre & l'Euphrate joints ensemble.	107
XI.	On fait voir que le Phison est le canal occidental des deux, en quoy se divisent le Tigre & l'Euphrate joints ensemble.	107
XII.	L'origine du mot Phison sert à le prouver.	109
XIII.	Plusieurs savans hommes ont eû quelque connoissance de ce que c'est que le Phison.	111
XIV.	Le Phison a depuis communiqué son nom à d'autres rivieres.	116

DES CHAPITRES.

CHAPITRE HUITIEME.

Continuation de l'explication de l'onziéme verset.

I. Diverses opinions touchant la terre de Chavilah. 118
II. On fait voir la véritable situation de la terre de Chavilah, que parcourt le Phison. 121

CHAPITRE NEUVIEME.

Continuation de l'explication de l'onziéme verset, & commencement de l'explication du douziéme.

I. Or d'Arabie, 125
II. & principalement de Chavilah. 128

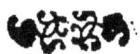

TABLE

CHAPITRE DIXIÉME

Continuation de l'explication du douziéme verset.

I. Diverses opinions sur la signification du mot Ebreu Bedolach. 129
II. Les deux plus probables sont, celle qui veut que ce soit une gomme aromatique, & celle qui veut que ce soient des perles. 130
III. La plus célebre pesche des perles qui soit au monde, se fait prés de Chavilah. 132
IV. On trouvoit aussi beaucoup de Bdellium dans le mesme païs. 137

CHAPITRE ONZIÉME.

Continuation de l'explication du douziéme verset.

I. Diverses opinions sur la signification du mot Ebreu Schoham. 139

DES CHAPITRES.

II. *L'Arabie estoit autrefois le païs du monde le plus abondant en pierreries.* 142

III. *Les Anciens ont crû que l'Onyx ne se trouvoit que dans l'Arabie.* 145

CHAPITRE DOUZIE'ME.

Explication du treiziéme verset.

I. *Les deux plus communes opinions touchant le Gehon, sont, celle qui veut que ce soit le Nil; & celle qui veut que ce soit le canal occidental des deux qui partagent le Tigre & l'Euphrate joints ensemble.* 146

II. *Fondemens de l'opinion qui veut que le Gehon soit le Nil.* 148

III. *Du nom Ebreu Schichor, que Jeremie donne au Nil, & que les Septante ont rendu par celuy de* γηῶν. 149

IV. *Pourquoy l'on a crû que le Nil, & quelques autres rivieres venoient du Ciel.* 151

TABLE

V. *On a confondu l'Oxus avec le Nil.* 156

VI. *Fondemens de l'opinion, qui veut que le Gehon soit le canal le plus occidental des deux qui partagent le Tigre & l'Euphrate joints ensemble.* 157

VII. *Le Gehon est le canal oriental des deux qui divisent l'assemblage de l'Euphrate & du Tigre.* 158.

VIII. *L'origine du mot Gehon sert à le prouver.* 159

IX. *Pourquoy Moyse a moins apposé de marques au Gehon qu'au Phison : & pourquoy l'on a crû que le Nil sortoit de l'Euphrate.* 161

CHAPITRE TREIZIÉME.

Continuation de l'explication du treiziéme verset.

I. LE nom de Chus se donne à l'Ethiopie, à l'Arabie, & à la Susiane. Il s'agit icy de la

DES CHAPITRES.

      derniere : 164
II. *qui est nommée* Cutha *dans l'Ecriture, & aujourd'huy* Chuzestan. 167
III. *On trouve des traces du nom de* Chus *dans les noms des Cosséens, & des Cissiens, peuples de la Susiane.* 171
IV. *Pourquoy l'on a dit que Memnon estoit Ethiopien.* 173
V. *De la statuë de Memnon, qu'on a dit, qui parloit, quand elle estoit éclairée du Soleil levant.* 177
VI. *Verité de l'histoire de Memnon;* 180
VII. *confirmée par le témoignage de quelques Anciens.* 183

CHAPITRE QUATORZIE'ME.

Explication du quatorziéme verset.

I.   Chiddekel, Diglath *& Tigre, sont le mesme nom & le mesme fleuve.* 186

TABLE

II. *Vaines conjectures des Anciens sur l'origine du nom de la riviere de Tigre.* 189
III. *Véritable origine de ce nom.* 192
IV. *Le Chiddekel n'est point le Naharmalca.* 194

CHAPITRE QUINZIÉME.

Continuation de l'explication du quatorziéme verset.

I. *Le mot Ebreu Kidmath en cét endroit, ne peut signifier à l'Orient.* 196
II. *En quel sens il faut entendre que le Tigre va vers l'Assyrie.* 199

CHAPITRE SEIZIÉME.

Continuation de l'explication du quatorziéme verset.

I. *Fausses origines du nom de l'Euphrate.* 201
II. *Véritable origine de ce nom.* 203

DES CHAPITRES.

III. *Vertu attribuée aux eaux d[e] l'Euphrate.* 20.

CHAPITRE DIX-SEPTIE'ME

Autres preuves de la situation d[u] Paradis terrestre, proposées dans ce Traitté.

I. *ON prouve encore que la Pa[-]radis terrestre estoit situ[é] dans le lieu que j'ay marqué par la fertilité & la beauté d[e] ce païs :* 20[.]

II. *& parce qu'il a esté le premi[er] habité.* 21[.]

III. *Véritable signification du mot [He-]breu, nod.* 21[.]

IV. *Ce que c'estoit que les colonnes d[es] descendans de Seth.* 21[.]

V. *On peut encore conjecturer la [si-]tuation du Paradis, par le lie[u] où s'arresta l'Arche de No[é.]* 218

TABLE

CHAPITRE DIX-HUITIE'ME.
On répond aux objections.

I.	Premiere objection.	220
II.	Seconde objection.	222
III.	Troisiéme objection.	223
IV.	Quatriéme objection.	224

CHAPITRE DIX-NEUVIE'ME.
Récapitulation de tout ce Traitté.

I.	Dieu planta un Jardin en Eden du costé d'Orient.	228
II.	Un fleuve sortoit d'Eden, pour arroser le Jardin.	231
III.	Il se divisoit, & estoit en quatre testes.	232
IV.	La premiere est le Phison,	233
V.	qui arrose la terre de Chavilah, fertile en or;	234
VI.	en perles, & en Bdellium; en Onyx, & en toutes sortes de

DES CHAPITRES.

  pierreries. 235
I. *Le second fleuve est le Gehon, qui arrose la terre de Chus.* 237
II. *Le troisiéme est le Tigre, qui va vers l'Assyrie; & le quatriéme est l'Euphrate.* 238
  Toutes les marques, par lesquelles Moyse a désigné la situation du Paradis, ne peuvent convenir qu'à celle que j'ay proposée. 238
  La question de la situation du Paradis terrestre ne touche point à la Foy. 239

Extrait du Privilege du Roy.

PAr Lettres Patentes du Roy données à Fontainebleau le 11. jour d'Octobre 1691. signées BOUCHER, & scellées du grand Sceau de cire jaune, il est permis à Messire PIERRE DANIEL HUET Evesque d'Avranches, d'imprimer un Livre qu'il a composé, & qui est intitulé, *Traitté de la situation du Paradis terrestre* ; & ce pendant le temps & espace de six années consecutives, à commencer du jour que ledit Livre aura esté achevé d'imprimer : avec défenses, &c.

Et mondit Seigneur a cedé le Privilege cy-dessus au Sieur JEAN ANISSON Directeur de l'Imprimerie Royale.

Regiſtré sur le Livre de la Communauté des Imprimeurs & Libraires de Paris le 20. Octobre 1691. Signé, P. AUBOÜYN, Syndic.

Achevé d'imprimer pour la premiere fois le 20. Novembre 1691.

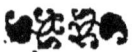

TRAITTÉ

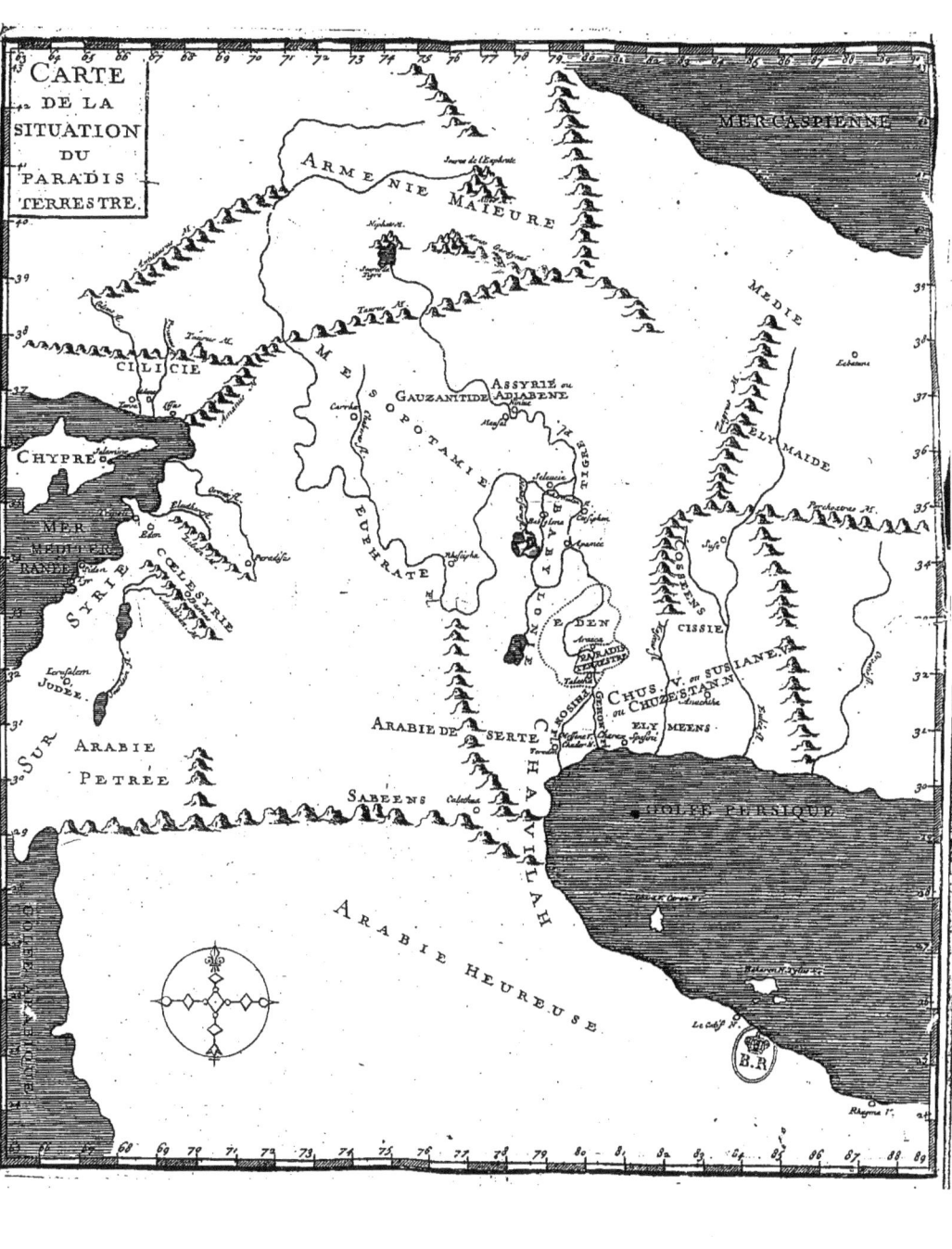

TRAITTÉ DE LA SITUATION DU PARADIS TERRESTRE.

A MESSIEURS DE L'ACADEMIE FRANÇOISE.

PREFACE.

I. *Occasion & argument de cet ouvrage.* II. *Maniere dont il est traitté.* III. *Diversité d'opinions sur la situation du Paradis terrestre.* IV. *sur ce qui a quelque rapport à cette situation,* V. *& mesme sur d'autres points concernant le Paradis, qui sont hors de mon sujet.* VI. *M. Bochart, qui avoit dessein de traitter cette matiere, n'a point fait connoistre nettement sa pensée.* VII. *On ne peut découvrir la situation du Paradis, que dans les paroles de Moyse.*

I. JE n'ay pas oublié, comme vous voyez, MESSIEURS, la promesse que je vous fis il y a

Occasion & argument de cet Ouvrage.

A

quelque temps, de compoſer ce Traitté. Ce fut lors qu'eſtant un jour aſſemblez en aſſez grand nombre, & attendant l'heure du travail, on parla de la ſituation du Paradis terreſtre, à l'occaſion d'une Bible qui ſe trouva ouverte ſur la table, à l'endroit du ſecond Chapitre de la Geneſe. Je vous en dis alors mon ſentiment; & comme vous m'en demandiez les preuves, & que j'eſtois preſt de vous les donner, l'heure qui ſonna rompit cet entretien. Vous me diſtes ſeulement en nous ſeparant, que vous ne m'en teniez pas quitte: & moy je repartis que je me chargeois volontiers de la dette, & que je m'en acquiterois toſt ou tard. Je le fais aujourd'huy, MESSIEURS, & je taſcheray que ce ſoit en bonne monnoye. Mais, pour dire le vray, je cherche bien moins en cecy à satisfaire à mon engagement, qu'à mon inclination. Ayant la gloire d'estre vostre confrere depuis si long-temps, & ayant esté receu parmi vous d'une maniere aussi agreable & aussi favorable que je l'ay esté, je suis bien aise de vous donner en public cette marque de ma reconnoissance, & de me faire honneur dans le monde du titre d'Académicien. Mais je suis plus aise encore d'exprimer la véneration que j'ay pour un corps illustre par tant de vertu, tant d'honnesteté & de politesse, tant de beauté d'esprit & d'érudition; & plus estimable par ces qualitez, qui le mettent fort au dessus des atteintes de la médisance & de l'envie, que par les dignitez éminentes de la plus part de ceux qui le composent.

DE LA SITUATION

Maniere dont il est traité.

II. Du reste, Messieurs, ne cherchez pas icy l'élegance du discours, ni l'agrément des pensées. Préparez-vous au contraire à une lecture seche, à une recherche épineuse, à l'ennuy des citations, & à essuyer quelque Grec & quelque Ebreu. Une matiere aussi obscure que celle-cy ne peut s'éclaircir que par ces secours. Je l'appelle obscure ; car encore qu'aucune autre n'ait plus éxercé l'esprit & le savoir des Peres de l'Eglise, des Interprétes de la sainte Ecriture, & de toutes sortes de gens de lettres, & qu'elle ait produit une infinité d'ouvrages, à peine y voit-on rien de certain. Leur nombre rendra mon entreprise excusable ; & si je ne réüssis pas, leur éxemple meritera mon pardon.

Diversité d'opinions sur la situa-

III. Rien ne peut mieux faire voir combien la situation du Paradis terrestre est peu connue, que la diversité des opinions de ceux qui l'ont recherchée. On l'a placé dans le troisiéme ciel, dans le quatriéme, dans le ciel de la Lune, dans la Lune mesme, sur une montagne voisine du ciel de la Lune, dans la moyenne region de l'air, hors de la terre, sur la terre, sous la terre, dans un lieu caché & éloigné de la connoissance des hommes. On l'a mis sous le Pole Arctique, dans la Tartarie, à la place qu'occupe presentement la mer Caspie. D'autres l'ont reculé à l'extrémité du Midy, dans la Terre du feu. Plusieurs l'ont placé dans le Levant, ou sur les bords du Gange, ou dans l'Isle de Ceilan, faisant mesme venir le nom des Indes du mot d'Eden, nom de la Province où le Paradis estoit situé. On l'a mis

tion du Paradis terrestre.

dans la Chine, & mesme par delà le Levant, dans un lieu inhabité; d'autres dans l'Amerique, d'autres en Afrique sous l'Equateur, d'autres à l'Orient équinoctial, d'autres sur les montagnes de la Lune, d'où l'on a crû que sortoit le Nil; la plusparc dans l'Asie, les uns dans l'Armenie majeure, les autres dans la Mesopotamie, ou dans l'Assyrie, ou dans la Perse, ou dans la Babylonie, ou dans l'Arabie, ou dans la Syrie, ou dans la Palestine. Il s'en est mesme trouvé qui en ont voulu faire honneur à nostre Europe, & ce qui passe toutes les bornes de l'impertinence, qui l'ont établi à Hédin, ville d'Artois, fondez sur la conformité de ce nom avec celuy d'Eden. Je ne desespere pas que quelque avanturier, pour l'approcher plus prés de nous, n'entreprenne quelque jour de le mettre à Houdan.

IV. Cette contrarieté de sentimens ne se rencontre pas seulement sur la situation du Paradis, mais encore sur ce qui y a quelque rapport. Le Phison qui estoit une des branches du fleuve qui l'arrosoit, est le Gange, selon plusieurs ; c'est le Nil, selon d'autres ; c'est l'Hyphasis, c'est le Cyrus, c'est mesme le Danube ; & c'est enfin le canal oriental, par où le Tigre & l'Euphrate joints ensemble se déchargent dans le Golfe Persique. On veut que le païs de Chavilah, par où passe ce fleuve, soient les Indes ; on veut que ce soit la Susiane ; on veut que ce soit une partie de l'Arabie. L'on est partagé sur le Bdellium qui s'y trouve, & l'on ne sait si c'est une gomme aromatique, ou une

sur ce qui a quelque rapport à cette situation.

pierre precieuse, ou des perles. On ne l'est pas moins sur l'Onyx, dans l'incertitude si c'est en effet l'Onyx, ou la Sardoine, ou le Berylle, ou l'Escarboucle, ou le Crystal. Le Gehon, qui estoit une autre branche de ce mesme fleuve qui sortoit du Paradis, est le Nil, selon l'opinion la plus commune ; d'autres pretendent que c'est le Gehon, ruisseau proche de Jerusalem, que l'Ecriture nomme ailleurs Siloé ; d'autres soustiennent que c'est l'Araxe ; & quelques-uns plus clairvoyans, mais pas assez pourtant, veulent que ce soit l'embouchure occidentale du Tigre joint à l'Euphrate. Tout le monde ne convient pas que cette Province que traverse le Gehon, nommée Chus dans le texte Ebreu, & Ethiopie dans la traduction Vulgate, soit l'Ethiopie d'Afrique, quelques-uns estimant que c'est celle d'Arabie.

V. Je passe plusieurs autres questions, que l'on trouve dans les livres des Theologiens, & mesme des Peres, comme celle que propose saint Augustin, sa-voir si le Paradis est spirituel, ou materiel, ou tous les deux ensemble; comme cette autre, savoir s'il a esté créé devant le monde, comme saint Jerosme semble l'avoir crû aprés les anciens Ebreux, & aprés l'Auteur du quatriéme Livre d'Esdras, ou s'il a esté créé le troisiéme jour avec les plantes de la terre, ou s'il l'a esté dans l'ordre que Moyse en a parlé; & comme celles-cy encore, savoir quelle estoit son étenduë, que quelques Interpretes ont déterminée aussi affirmativement que s'ils l'avoient arpenté; les uns la fai-

& mesme sur d'autres points concernans le Paradis, qui sont hors de mo sujet.
Aug. de Ge nes. ad lite. lib. 8. cap 1. & de Ci Dei, lib. 1 cap. 21.
Hieron. quæst. Et in Genes. 4. Esdr. 6.

A v

sant égale à celle de tout l'Orient; d'autres à celle de l'Asie & de l'Affrique ensemble; quelques-uns à celle de toute la terre; & les Thalmudistes qui ne donnent point de bornes à leurs extravagances, soixante fois plus grand; savoir s'il y avoit des animaux, ce que quelques-uns ont nié, oubliant le Serpent seducteur, & n'y souffrant pas mesme l'oiseau de Paradis; savoir s'il subsiste encore; savoir si Enoch, Elie, & saint Jean l'Evangeliste, y ont esté transportez vivans, comme dans un azile contre la mort, pour y demeurer jusqu'à la fin du monde. Toutes ces questions sont hors de mon sujet, & je me renferme uniquement dans la recherche de la situation du Paradis.

M. Bochart qui avoit dessein de

VI. Feu Monsieur Bochart, que j'estime avoir esté un des

plus savans hommes de ce siecle, avoit dessein de traiter cette matiere. Il le declare en quelques endroits de ses écrits, & il en parle comme si l'ouvrage eust esté déja fait, & comme si son Phaleg n'en eust esté qu'une suite. J'ay ouï dire cependant à ses heritiers, qu'ils n'ont trouvé parmy ses papiers aprés sa mort, qu'une ébauche fort informe de ce dessein, qui ne fait pas mesme connoistre quel a esté son sentiment. Il seroit à desirer qu'il eust executé son entreprise : personne n'en estoit plus capable que luy, par l'intelligence de la lettre de l'Ecriture sainte, qu'une longue étude luy avoit acquise, par la connoissance qu'il avoit des Langues Orientales, & par le grand usage qu'il avoit des lettres profanes. Il s'est un peu ouvert sur cette question dans

traiter cette matiere, n'a point fait connoistre nettement son opinion.

A vj

quelques lieux de ses ouvrages; mais en des manieres differentes, & qui semblent se contredire; car dans son Phaleg il met le Paradis aux environs de Babylone; & dans son Livre Des animaux de la sainte Ecriture, il semble qu'il ait approché de l'opinion de Calvin, qui l'a placé sur les bords du Tigre & de l'Euphrate joints ensemble, dans la Chaldée, entre la Ville d'Apamée & le Golphe Persique. Quoy qu'il en soit, dans l'incertitude où j'ay esté long-temps, si les heritiers de M. Bochart trouveroient enfin dans son Cabinet cet Ouvrage aussi achevé qu'il avoit donné lieu de le croire, j'avois toûjours differé de ramasser mes remarques. Mais voyant qu'aprés vingt-quatre ans, qui se sont écoulez depuis la mort de ce savant homme, on ne nous

Boch. Phal. lib. 1. cap. 4. Hieroz. part. 2. lib. 5. cap. 5.

fait rien efperer de cette part, je tenteray de donner quelque éclairciffement à cette matiere.

VII. Mais comme l'unique fondement furquoy l'on puiffe s'appuyer, ce font les paroles que Moyfe a employées pour décrire la fituation du Paradis terreftre, il faut les rapporter avant toutes chofes, en les traduifant mot à mot fur l'original.

On ne peut découvrir la fituation du Paradis que dans les paroles de Moyfe.

CHAPITRE PREMIER.

Texte de Moyse, & exposition sommaire de nostre opinion.

I. *Texte de Moyse, où la situation du Paradis est décrite.* II. *Les opinions qu'on a proposées jusqu'icy, ne s'accommodent pas avec les paroles de Moyse, qui la marquent exactement.* III. *Nostre opinion est la seule qui s'y accommode.* IV. *Breve exposition de nostre opinion.* V. *Aucune opinion n'approche plus de la nostre que celle de Calvin & de Scaliger.*

I. Genes. chap. II. ỳ. 8. *Et le Seigneur Dieu planta un Jardin en Eden, du costé d'Orient, & il mit là l'homme qu'il forma.*

ỳ. 9. *Et le Seigneur Dieu fit germer de la terre toutes sortes d'arbres desirables à voir, & bons à manger, & l'arbre de vie au milieu du Jardin, & l'arbre de la*

Texte de Moyse, où la situation du Paradis est décrite.

science du bien & du mal.

℣.10. *Et un fleuve sortoit d'Eden pour arroser le Jardin, & delà il se divisoit & estoit en quatre testes.*

℣.11. *Le nom de l'un est Phison; c'est celuy qui tournoye dans toute la terre de Chavilah, où il y a de l'or.*

℣.12. *Et l'or de cette terre est bon: là est le Bdellium & la pierre d'Onyx.*

℣.13. *Et le nom du second fleuve est Gehon; c'est celuy qui tournoye dans toute la terre de Chus.*

℣.14. *Et le nom du troisiéme fleuve est Chiddekel; c'est celuy qui va vers l'Assyrie: & le quatriéme fleuve est l'Euphrate.*

℣.15. *Et le Seigneur Dieu prit l'homme, & le mit dans le Jardin d'Eden, pour le cultiver & le garder.*

Les opinions qu'on a proposées jusqu'icy.

II. La situation du Paradis terrestre me paroist designée si exactement par les termes de ce paſſage, que je me ſuis ſouvent étonné que les Interpretes y ayent fermé les yeux, pour s'abandonner à tant de vaines conjectures, qui y ont ſi peu de rapport. *ne s'accommodent pas avec les paroles de Moyſe, qui la marquent exactement.* Car ſi l'on demande, par exemple, à ceux qui le placent dans la Syrie, auprés de Damas, où ſont ces quatre fleuves, & ces regions de Chavilah & de Chus, ils demeurent ſans replique. Si l'on demande à ceux qui le mettent dans la Meſopotamie, ou dans la Babylonie, au-deſſus de la jonction du Tigre & de l'Euphrate, où ſont les païs de Chavilah & de Chus, ils ſont contraints de les mettre en des lieux qui démentent le témoignage de toute l'antiquité. Si l'on objecte à ceux qui ont prétendu que le Nil eſt le Gehon & que le Gange eſt le Phiſon, l'éloignement de leurs ſources entr'elles, & de celles du Tigre & de l'Euphrate : ils se deffendent par des miracles, ou par des fictions, alleguant ce qu'ils croyent qui peut estre, pour ce qui est, & avancent sans aucune preuve que la source de ces quatre fleuves estoit veritablement dans le Paradis; mais qu'aprés avoir baigné ce lieu de délices, ils entroient dans la terre, & alloient chercher d'autres issues au bout du monde par des canaux sousterrains. C'est ainsi que l'esprit humain s'écarte, quand il a une fois perdu la piste de la verité.

Nostre opinion est la seule qui s'y accommode.

III. Mais sans m'amuser à combattre par le menu toutes ces opinions, il suffira de proposer la mienne, & de faire voir non seulement qu'elle répond parfaitement à la description de Moyse, & à la Geographie ancienne, mais mesme qu'elle est la seule qui y réponde, & que quiconque en cherchera une autre, tombera dans quelque embarras insurmontable.

IV. Je dis donc que le Paradis terrestre estoit situé sur le canal que forment le Tigre & l'Euphrate joints ensemble, entre le lieu de leur jonction, & celuy de la séparation qu'ils font de leurs eaux, avant que de tomber dans le Golphe Persique. Et comme ce canal faisoit quelques détours, & quelques courbures, je dis, pour entrer dans une plus grande précision, que le Paradis estoit situé sur une de ces courbures, & apparemment sur le bras meridional de la plus grande, qui a esté marquée par Agathodæmon dans les Tables Geographiques de Ptolemée, lorsque ce fleuve revient vers l'O-

Breve exposition de nostre opinion.

rient, aprés avoir fait un long détour vers l'Occident, environ à trente-deux degrez trente-neuf minutes de latitude septentrionale, & à quatre-vingt degrez dix minutes de longitude, selon la délineation d'Agathodæmon, à peu prés là où il place l'Aracca, qui est l'Erec de l'Ecriture. Je n'éxamine point maintenant si cette position de Ptolemée est juste; il me suffit d'avoir fait entendre ma pensée. J'ajoûte encore que les quatre testes de ce fleuve sont le Tigre & l'Euphrate avant leur jonction, & les deux canaux par où il tombe dans la mer aprés sa division; que le plus occidental de ces deux canaux est le Phison, que le païs de Chavilah qu'il traverse, est une partie de l'Arabie Heureuse, & une partie de l'Arabie Déserte; que le Gehon est le canal oriental des deux dont j'ay parlé; & que le païs de Chus est la Susiane.

V. De tous ceux qui se sont engagez dans cette recherche, aucun n'a approché plus prés du sentiment que je propose, que Jean Calvin dans ses Commentaires sur la Genese. Joseph Scaliger l'a suivy pied à pied, & aprés luy les Theologiens de Louvain, & ensuite une infinité d'autres; mais ils n'ont point eû d'égard à ce bras meridional de la grande courbure du fleuve, quoyque les termes de Moyse le demandent expressément, comme je le feray voir. Ils ont mis le Gehon a l'Occident, & le Phison à l'Orient, & par consequent ils ont déplacé les païs de Chus & de Chavilah; ce qui met des differences essentielles entre cette opinion, & celle que je soustiens. Mais pour l'établir

Aucune opinion n'approche plus de la nostre, que celle de Calvin & de Scaliger. Calv. in Genes. 2. Scalig. De emend. temp. libr. 5. & Epist. libr. 4. Epist. 44.

22 DE LA SITUATION
par des preuves solides, & e[n]
faire voir l'entiere convenan[ce]
avec la description de Moyse, [il]
est question d'examiner soigneu[se]-
sement ses paroles.

CHAPITRE II.

Explication du huitiéme Vers[et] du second Chapitre de la Genese.

I. *Obscurité & ambiguité de ce huitiéme Ve[r]-
set.* II. *Ce que c'est que le mot* Eden. *Plu[-]
sieurs le prennent pour un nom appellati[f.]*
III. *D'autres varient; mais la plus gra[nde]
de partie le prend pour un nom de lie[u.]*
IV. *Distinction frivole des Rabbins ent[re]*
עֵדֶן *marqué de cinq points, &* עֵדֶן *mar[-]
qué de six.* V. *La preposition qui est ajoû[-]
tée au mot* Eden*, prouve que c'est un n[om]
de lieu.* VI. *Plusieurs lieux ont porté [le]
nom d'*Eden. VII. *Situation de la Pro[-]
vince d'*Eden*, où estoit le Paradis.*

Obscurité & ambiguité de ce huitiéme Ver-set.

I. VErs. 8. *Et le Seigneur Di[eu]
planta un Jardin en Ede[n]
du costé d'Orient, & il mit l[à]*

l'homme qu'il forma. Plusieurs ambiguitez rendent ce passage obscur, & donnent lieu à une infinité d'explications & d'opinions differentes. N'en déplaise à ceux qui soustiennent que la sainte Ecriture s'explique par elle-mesme. Les Ebreux n'ont qu'un seul Preterit pour exprimer le Preterit imparfait, le Preterit parfait, le Preterit plus que parfait, & l'Aoriste. Dans ce passage-cy, ce que j'ay rendu par l'Aoriste, *planta, forma*, comme l'ont rendu les Septante, ἐφύτευσεν, ἔπλασεν, & quelques autres Interpretes aprés eux, est rendu par le Preterit plus que parfait dans la plufpart des Traducteurs, qui ont voulu accommoder leur version à l'opinion assez probable où ils estoient, que Dieu avoit planté le Paradis terrestre au troisiéme jour de la creation. Pour moy qui suis persuadé, & qui ay fait voir ailleurs, qu'une version pour estre fidele doit representer, s'il est possible, jusqu'aux ambiguitez de l'original, j'ay crû devoir conserver icy celle de l'Ebreu dans le François.

Ce que c'est que le mot Eden. Plusieurs le prennent pour un nom appellatif.

II. Vers. 8. *Un Jardin en Eden.* Voicy une nouvelle ambiguité plus importante que la precedente. Le mot Ebreu *Eden* se peut prendre pour un nom appellatif, qui signifie *volupté, delices*, ou pour un nom propre de lieu. Dans le passage dont il s'agit, Symmaque ancien Interprete Grec de l'Ecriture, cité par saint Jerosme, Severien Evesque de Gabales, contemporain de saint Chrysostome, & le poëte Leonius, ont pris ce mot dans le premier sens. Symmaque traduit Eden, *un Jardin de delices*,

Hieron. Quæst. Hebr in Genes. Sever. Hom. 5. in Hexaem.

un *Jardin fleury*, confondant, comme quelques autres aprés luy, Eden avec le Paradis. On cite encore une Catene Grecque pour la défense de cette explication. Quelques Interpretes plus recents, & entr'autres l'Auteur de la Glose ordinaire, & les Theologiens de Louvain, l'ont suivie; & cette signification, à mon avis, est l'origine de ces Jardins precieux que les Princes d'Orient faisoient faire, pour representer celuy d'Eden. Tel estoit ce Jardin d'or, estimé cinq cens talens, dont Aristobule Roy des Juifs fit present à Pompée, & que Pompée porta depuis en triomphe, & consacra à Jupiter dans le Capitole. Ce Jardin estoit appellé τερπωλή & τερπνὸν, c'est-à-dire proprement *Eden, volupté*. Et la conformité des mots, *Jardin d'Eden*, & *Jardin d'Adon*, peut

B

bien auſſi avoir eſté l'occaſion de ces Jardins conſacrez à Adonis, que les Grecs, les Egyptiens, & les Aſſyriens plantoient dans des vaſes de terre, & dans des paniers d'argent, pour en parer leurs maiſons, ou pour les porter dans leurs proceſſions : quoyque je n'ignore pas que les Mythologues, qui ont obſcurci par leurs fictions la verité de l'hiſtoire, rapportent l'origine des Jardins d'Adonis, à ces laituës, dans leſquelles Venus mit ſon corps fraichement tué.

D'autres varient : mais la plus grande partie le prend pour un nom de lieu.

III. Les Septante & la Vulgate varient ſur la ſignification du mot d'*Eden*, & ſemblent approuver les deux ſens ; c'eſt-à-dire le prendre comme un nom propre, & comme un nom appellatif. Car les Septante le prennent pour un nom de lieu dans l'endroit que nous éxaminons: mais dans le quinziéme Verset suivant, & en d'autres lieux, ils le prennent pour un nom appellatif. L'Auteur de la Vulgate au contraire en ces deux endroits, & en plusieurs autres, prend *Eden* pour un nom appellatif, au lieu que dans le quatriéme chapitre de la Genese, verset seiziéme, il le prend pour le nom propre d'une contrée. Mais tous les autres Peres de l'Eglise, Grecs & Latins, tous les Interpretes de l'Ecriture, anciens & modernes, & tous les Orientaux, demeurent d'accord qu'*Eden* est un nom local, tiré de la beauté du lieu; comme Placentia chez les Latins, Callichorus & Callicolona chez les Grecs; Beauvau, Beaumanoir, Beaumesnil, parmy nous; Hypsa, Enna, Ialysus, & les champs Elysées, ainsi nommez par les

B ij

Pheniciens. Ce confentement fi univerfel de tant d'habiles gens, eft la premiere preuve que je propofe, pour établir qu'E-den eft un nom de lieu.

Diftinction frivole des Rabbins entre עֵדֶן *marqué de cinq points & עֵדֶן marqué de fix.*

IV. Je fais que quelques Rabbins, & quelques Interpretes aprés eux ont voulu raffiner icy, & diftinguer le mot עֵדֶן *Eden* marqué de cinq points, d'avec le mot עֵדֶן *Eden* marqué de fix points, prétendant que celuy qui eft marqué de cinq points fignifie le Paradis terreftre, & que celuy qui eft marqué de fix points fignifie d'autres lieux. Mais outre que l'autorité des Rabbins, qui ont enduit & incrufté de leurs points le texte Ebreu de l'Ecriture, n'eft pas d'un grand poids, & que je ne vois pas que cette diftinction foit approuvée par les Grammairiens modernes, j'en découvriray la fausseté en recherchant la situation du pays d'Eden.

V. La seconde preuve dont je me sers, pour montrer qu'*Eden* est un nom de lieu, est fondée sur le texte Ebreu, qui porte que Dieu planta un Jardin בְעֵדֶן *dans Eden :* la préposition exprimée par la lettre ב designant clairement, suivant son principal & plus naturel usage, la situation du Jardin dans Eden. Je sais que cette particule a plusieurs usages dans l'Ecriture, & qu'elle y est mesme quelquefois traduite par le Genitif, ce que l'Auteur de la Vulgate a suivy apparemment, quand il a traduit *Paradisum voluptatis.* Mais outre que la plûpart des passages où cette préposition est renduë par le Genitif, se peuvent traduire autrement, l'on connoist par d'autres particules & préposi-

La préposition qui est adjoûtée au mot Eden *prouve que c'est un nom de lieu.*

tions qui se trouvent jointes au mot *Eden* dans l'Ecriture, la signification de celle-cy. Comme dans le dixiéme Verset du Chapitre second de la Genese : *Et un fleuve sortoit* מֵעֵדֶן *de Eden.* Et dans le seiziéme Verset du quatriéme Chapitre : *Caïn s'arresta dans le pays de Nod* קִדְמַת עֵדֶן *à l'Orient d'Eden.* Et dans Isaïe : *Il a rendu le desert* כְּעֵדֶן *comme Eden.* Or comme on ne peut pas traduire ainsi ces passages : *Et un fleuve sortoit de la volupté : Caïn habita à l'Orient de la volupté : Il a rendu le desert comme la volupté :* dans le passage aussi qui est en question, le mot *Eden* ne peut pas estre traduit par celuy de *volupté*.

VI. Je donneray pour troisiéme preuve, l'exemple de plusieurs autres lieux, qui pour leur agrément ont eu le mesme nom

Isa. 51. 3.

Plusieurs lieux ont porté le nom d'Eden.

d'Eden. Tel estoit celuy dont parle le Prophete Amos, bien different & bien éloigné de celuy de Moyse. C'estoit une belle vallée de Syrie, située entre le Liban & l'Antiliban, dont Damas estoit la capitale. Cette vallée merita le nom d'*Eden*, ou plutost de *Beth-Eden*, c'est-à-dire, *Maison de delices*, à cause de sa fertilité, & de son amenité. C'est ce qui a fait croire a quelques-uns, que c'estoit là qu'il falloit chercher le Paradis terrestre; & ils n'en ont pas douté, quand ils ont trouvé dans le voisinage une ville nommée Paradis, celebrée par Pline & par Ptolemée. Ils y ont aussi cherché le lieu où Adam fut créé, & celuy où Caïn tua son frere, & ont crû les y trouver. Mais ces conjectures s'évanoüissent quand on vient à les appli-

Amos. 1. 5.

Plin. lib. 5. cap. 23. Ptolem. Asiæ Tab. 4.

quer au paſſage de Moyſe, & à toutes les circonſtances qui y ſont marquées ; & que l'on n'y trouve ni Phiſon, ni Gehon, ni Chavilah, ni Chus. Telle eſtoit Adana ville de Cilicie, ainſi nommée pour la bonté de ſon terroir, & la beauté de ſa ſituation. Tel eſt encore le village d'Eden, prés de Tripoli de Syrie, ſur le chemin du Liban, où quelques-uns ont placé le Paradis terreſtre. Et tel eſt enfin ce port celebre, nommé Adana ou Aden, ſi frequenté depuis pluſieurs ſiecles, qui pour avoir eſté le lieu le plus delicieux d'une region tres-delicieuſe, je veux dire de l'Arabie Heureuſe, a eſté nommé luy-meſme l'Arabie Heureuſe ; comme renfermant en ſoy toutes les beautez de cette contrée ; quoy qu'outre cette Adana il y en euſt encore une autre mediterranée dans le mesme pays, portant le mesme nom que la premiere, & pour la mesme cause. Il ne faut donc pas s'étonner si les Arabes habitans de cette province ont crû que le Paradis estoit chez eux.

VII. Aprés avoir bien établi, ce me semble, que le nom d'Eden est un nom propre de lieu, il faut tascher d'en découvrir la situation, pour parvenir à la connoissance de celle du Paradis, qui en faisoit la plus noble partie. Nous lisons dans le quatriéme livre Des Rois, & dans Isaïe, que Sennacherib Roy d'Assyrie, voulant intimider Ezechias, qui s'estoit revolté contre luy, se vante d'avoir détruit les pays de Gozan, de Haran, de Reseph, & des enfans d'Eden qui estoient en Thelassar. Les savans conviennent que Gozan est la Gau-

Situation de la province d'Eden où estoit le Paradis.

4. Reg. 19. 2.
Isa. 37. 12.

zanitide, Province de Mesopotamie, que Haran & Reseph, sont Carrhæ, & Rescipha, villes du mesme païs de Mesopotamie, dont la premiere a esté fameuse par la défaite de Crassus; que Eden est la mesme region où Moyse a mis le Paradis, & que Thelassar est Talatha ville de Babylonie, que Ptolemée a placée sur le canal commun du Tigre & de l'Euphrate; & quand le geographe Stephanus a parlé d'une ville d'Adana située sur l'Euphrate, on ne peut presque doûter qu'il n'ait entendu quelque reduit des habitans du païs d'Eden, qui en aura tiré son nom. Dans la prediction que fait Ezechiel de la ruine de Tyr, lorsqu'il fait le dénombrement des peuples, avec qui cette puissante ville trafiquoit, il met ensemble Haran, & Chene, & E-

Steph. in Ἄδανα.

Ezech. 27. 23.

den. Voicy encore Haran & Eden jointes ensemble, ce qui prouve qu'il faut entendre les mesmes lieux que dans le passage precedent; c'est-à-dire Carrhes de Mesopotamie, & le pays d'Eden mentionné par Moyse. Et c'est de quoy les Interpretes ne disconviennent point. Or en ces deux passages le mot de עֵדֶן *Eden* est marqué de six points; ce qui montre le peu de solidité de la distinction, que les Rabbins ont faite de עֵדֶן *Eden* marqué de cinq points, & de עֵדֶן *Eden* marqué de six, dont j'ay parlé cy-dessus. Le païs d'Eden s'étendoit au dessous, & peut-estre mesme au dessus de la jonction du Tigre & de l'Euphrate, & occupoit une bonne partie de cette grande region, qui depuis a esté appellée la Babylonie. La Babylonie dans le commencement se terminoit à la jonction du Tigre & de l'Euphrate. La contrée qui est au dessous de cette jonction jusqu'au Golphe Persique est appellée Iraque par Alfergan, nommé communément Alfragan, par Abulfeda, & les autres geographes Arabes; du nom d'Erec, qui fut avec Babylone & d'autres lieux, *le commencement du règne de Nemrod;* ce sont les termes de Moyse. Erec estoit une ville située le long du lit commun du Tigre & de l'Euphrate. Babylone estoit située sur l'Euphrate, au dessus de la jonction. Ces deux villes donnerent le nom a deux Provinces. La Babylonie s'étendoit jusqu'à la jonction des fleuves, & la province d'Erec, ou d'Iraque, s'étendoit le long du lit commun de ces deux fleuves a droit & à gauche, depuis leur jonction

Genes. 10. 10.

jusqu'à la mer. Le temps a changé ces choses. L'Iraque a empieté sur la Babylonie, sur l'Assyrie, & sur la Medie, & leur a fait porter son nom. La Babylonie de son costé s'est mise en possession de toute l'ancienne province d'Iraque. Je dis donc que le Paradis terrestre estoit situé dans la partie d'Eden, province de Babylonie, ou d'Iraque, qui s'étendoit le long du lit commun des deux grandes rivieres, auprés du lieu où estoit l'ancienne ville d'Erec, ou d'Aracca, selon la position de Ptolemée. *Ptolem. lib. 6. cap. 3. & Tab. V. Asiæ.*

CHAPITRE III.

Continuation de l'explication du huitiéme Verset.

I. *Nouvelle ambiguité de ce Verset dans le mot* מִקֶּדֶם *II. Mikkedem peut signifier le temps & le lieu. III. On pourroit alleguer pour le prouver la coustume ancienne des Chrestiens, de tourner leurs Eglises vers l'Orient. IV. Moyse a toûjours employé le mot* Mikkedem *dans la signification du lieu. V. Moyse a voulu signifier icy par le mot* Mikkedem, *que le Paradis estoit situé dans la partie orientale d'Eden.*

Nouvelle ambiguité de ce Verset dans le mot מִקֶּדֶם

I. Vers. 8. *Du costé d'Orient.* Le mot Ebreu מִקֶּדֶם *Mikkedem*, que je traduits par ces paroles, *du costé d'Orient*, est la source d'une infinité de nouvelles ambiguitez, & d'explications differentes. Car comme il peut signifier le temps & le lieu, l'Auteur de la Vulgate, qui en cét endroit n'est autre que saint Jerosme ; les Traducteurs Grecs, Aquila, Theodotion, & Symmaque ; les Paraphrastes Chaldaïques, Onkelos, & Jonathan, & les Interpretes qui font profession de s'attacher à la Vulgate, l'ont pris dans le premier sens, & ont traduit, *au commencement*. Cette traduction mesme est équivoque : car les uns entendent que ce jardin fut planté devant la creation du monde. L'Auteur du quatriéme livre d'Esdras, le Paraphraste Jonathan, & saint Jerosme mesme, comme j'ay dit cy-dessus, sont dans ce sentiment. Les autres se contentent d'une antiquité égale à celle du monde ; & la pluspart veulent qu'il ait esté planté le troisiéme jour de la creation. Ceux qui croyent que le mot מקדם *Mikkedem* signifie le lieu, & non le temps, sont aussi partagez, car quelques-uns font perſuadez qu'il ſignifie l'extremité de l'Orient ; d'autres en plus grand nombre, & de plus grand merite, ſouſtiennent que le nom *d'Orient* ne ſe trouve point appliqué dans l'Ecriture aux regions, qui ſont pardelà le Golphe Perſique ; mais ſeulement à celles qui ſont entre ce Golphe & la Judée ; je veux dire l'Arabie, la Chaldée, la Meſopotamie, & la Perſe. J'ajoûteray cette preuve aux leurs, que les Chaldéens, qui habitoient vers le bas de l'Euphrate, eſtoient appellez *Sabiens* par les Arabes, & les Juifs, c'eſt-à-dire, Orientaux ; & leur livre De l'agriculture, ſi ſouvent cité par le Rabbin Maimonidés, eſtoit appellé *Le livre Oriental* ; & que les Chreſtiens de ſaint Jean, habitans des environs de Baſſora, qui eſt une partie de l'ancienne Chaldée, portent encore aujourd'huy ce mefme nom. J'ajoûteray de plus, qu'outre que les regions que je viens de nommer, font appellées *l'Orient* par les Auteurs facrez, celles qui eftoient fituées le long de la rive orientale du Tigre, font appellées encore plus fpecialement du nom propre de קֶדֶם *Kedem*, *Orient*. Et c'eft ce qui a donné lieu aux Poëtes de feindre que Memnon eftoit fils de l'Aurore, parce qu'il eftoit né dans la Sufiane, province attenante à celle d'Eden. Comme la rive orientale du Tigre s'appelloit *Orient*, la rive occidentale par oppofition s'appelloit עֶרֶב *Ereb*, *Occident*, d'où l'Arabie a tiré fon nom. Ainfi le mot d'*Orient* eftant un terme relatif, & un mefme lieu pouvant eftre oriental & occidental à divers égards, l'Arabie s'eft appellée

Orient, comme les provinces qui luy eſtoient voiſines à l'égard de la Judée, & Occident à l'égard du Tigre. Revenons maintenant aux diverſes explications qu'on a données au paſſage dont il s'agit. Les uns ont crû que Moyſe écrivant ces paroles dans l'Arabie Pierreuſe, a eû égard à ſa propre ſituation, & a appellé Orient ce qui l'eſtoit à l'égard du lieu où il ſe trouvoit alors. D'autres veulent que comme il écrivoit pour la nation Ebraique, & par rapport au temps avenir, auquel elle ſeroit établie dans la terre qui luy eſtoit promiſe, il a eû attention ſeulement à cette terre. Et la pluſpart prétendent que ces mots, *du coſté d'Orient*, ſuivant les loix de la Grammaire, ſoient relatifs aux termes qui précedent immediatement, *planta un Jardin en Eden*,

& que Moyse ait voulu dire que le Jardin occupoit la partie orientale du païs d'Eden. Pour moy j'estime que la Province d'Eden s'étendoit des deux costez du fleuve, & confinoit à la Susiane, & par consequent que la partie, qui estoit au-delà du fleuve, avoit part au nom propre de *Kedem*, *Orient*, comme toutes les terres qui estoient sur sa rive orientale; & que quand Moyse a dit que le Jardin estoit *du costé d'Orient*, il a voulu dire qu'il estoit dans la partie de la province d'Eden, qui estoit au-delà du fleuve, & qui s'appelloit *Kedem*, *Orient*. Quelques Commentateurs d'un esprit accommodant, approuvans les deux significations de temps & de lieu, qu'on donne au texte Ebreu, & qui en effet ne sont point incompatibles, & voulans concilier les diverses traductions, souſtiennent que le ſaint Eſprit a inſpiré à Moyſe ce terme ambigu, pour nous faire entendre, que Dieu planta ce Jardin dans l'Orient & qu'il le planta au commencement du monde, c'eſt-à-dire au troiſiéme jour de la creation.

Mikkedem peut ſignifier le temps & le lieu, mais il ſignifie icy principalement le lieu.

II. Je ne répugne point à ce ſentiment, & je n'empeſche point qu'on ne faſſe ſignifier le temps de la creation du Paradis terreſtre, au mot מִקֶּדֶם *Mikkedem*, pourveû qu'on m'accorde qu'il ſignifie premierement & principalement ſa ſituation. Et veritablement toutes choſes nous le perſuadent ; car ſi l'on compte les ſuffrages, nous oppoſerons à ceux que j'ay alleguez en faveur de la ſignification du temps, les Septante ſuivis de tous les Peres Grecs, & de pluſieurs Peres Latins ; les Rabbins Aben Ezra,

David Kimchi, & Selomoh Jarchi, avec David de Pomis; les Traducteurs orientaux; & la plus grande partie des Interpretes, & des Grammairiens modernes. A l'autorité mesme de la Vulgate nous opposerons celle de l'ancienne version Italique, d'où apparemment saint Jerosme a tiré le passage que nous examinons, tel qu'il l'a rapporté dans ses Questions Ebraiques, traduit en ces termes : *Et plantavit Dominus Deus Paradisum in Eden, contra Orientem.* Il paroist que la seule déference qu'il a eûë pour les trois anciens Interpretes Grecs, Aquila, Theodotion, & Symmaque, l'a obligé de changer la version Italique en cét endroit; & de conclure des termes dont ils se sont servis, que le Paradis avoit esté créé de Dieu avant le ciel & la terre. Cependant cette version Italique, d'où nostre Vulgate a esté tirée dans ce lieu-cy, estoit receuë dés la naissance du Christianisme, & long-temps avant saint Jerosme, & long-temps encore aprés luy, dans l'Eglise de Rome, & dans toutes les Eglises d'Italie, preferablement à toutes les autres versions. Et comme elle avoit esté faite sur la traduction des Septante, & que le passage rapporté par saint Jerosme, les suit mot à mot, ce n'est pas sans fondement que je soupçonne qu'il a esté pris de cette ancienne version.

On pourroit alleguer pour le prouver, la coûtume ancienne des Chrestiens, de tourner

III. Pour montrer le consentement universel avec lequel l'Eglise a pris ce passage dans la signification que je défens, je pourrois alleguer une coûtume qui y a esté long-temps pratiquée, & qui n'est pas encore abolie, de difposer vers le Levant les baftimens des Eglifes ; & d'obliger les Chreftiens par cette fituation à fe tourner vers l'Orient en faifant leurs prieres. La principale raifon qu'en donnent les Peres, c'eft, difent-ils, pour nous faire fouvenir, en regardant la partie du monde où eftoit placé ce lieu de délices, du bonheur que nous avons perdu par le peché de noftre premier Pere, & du foin que nous devons prendre pour le recouvrer. Mais il me paroift plus vray-femblable que l'Eglife prit cette coûtume, pour fe diftinguer de la religion des Juifs, dont le Temple eftoit tourné vers l'Occident. Comme il y a apparence que les Juifs avoient ainfi placé le leur, pour fe diftinguer de leurs voifins, la plufpart Idolâtres, & adorateurs du Soleil, &

leurs Eglifes vers l'Orient.

qui faisoient leurs prieres du costé du Levant. Idolatrie qui s'estoit glissée parmi le peuple de Dieu, & qui est condamnée par Ezechiel. Et il est remarquable, que comme l'ancienne Religion, je veux dire la Judaique, vouloit qu'on priast vers l'Occident, & qu'en suite celle des Chrestiens reforma cette coustume, & ordonna qu'on prieroit vers l'Orient ; de mesme les anciens Romains tournoient leurs Temples vers l'Occident, ce qui fut corrigé depuis en plaçant les Temples du costé de l'Orient, devant mesme le temps d'Auguste : comme nous l'apprenons de Vitruve qui vivoit alors, & de l'arpenteur Hygenus, qui écrivoit sous Trajan les regles de son art.

Ezech. 8. 16.

Vitruv. lib. 4. cap. 5. Hygen. de limitib. constit.

IV. Peut-on douter au reste que Moyse n'ait employé le mot מִקֶּדֶם *Mikkedem* dans le sens que

Moyse a toûjours employé le mot Mik-

que je luy donne, lors qu'on voit que dans la suitte de sa narration, il l'a toûjours employé dans le mesme sens ? comme quand il dit que Dieu ayant chassé Adam du Paradis, il establit sa demeure à l'Orient de ce lieu. Car encore que Saint Jerosme traduise, *Ante Paradisum voluptatis*, il ne laisse pas de designer l'Orient, qui, au langage de l'Ecriture, est la partie anterieure du monde. Il s'en sert encore dans le mesme sens, lors qu'il raconte la confusion des langues, & qu'il dit que ceux qui alloient bastir la Tour de Babel, partirent d'Orient pour aller à la terre de Sennaar. Il s'en sert deux fois dans cette mesme signification, lors qu'il décrit la situation de la montagne où campa Abraham, aprés estre parti de Sichem, pour marquer que la ville de Haï estoit à

kedem dans la signification du lieu.
Gen. 3. 24.

Gen. 11. 2.

Gen. 12. 8.

C

50 DE LA SITUATION

l'Orient de cette montagne, & que la montagne estoit à l'Orient de Bethel, & que Bethel estoit du costé de la mer, c'est à dire à l'Occident de la montagne ; faisant ainsi l'opposition de l'Orient à l'Occident. Il s'en sert de mesme, lors qu'il rapporte la séparation d'Abraham & de Lot, en disant que ce dernier se retira du costé d'Orient. Et enfin il l'employe au mesme sens dans le livre des Nombres, lors qu'il veut faire entendre que Ribla estoit à l'Orient de Aïn. Je laisse plusieurs passages des autres Auteurs sacrez, où ce terme a le mesme usage. Ceux-cy suffisent pour faire voir qu'il estoit, pour ainsi dire, consacré aux descriptions topographiques.

Gen. 13. 11.

Num. 34. 11.

V. Mais toute l'ambiguité n'est pas encore levée : car bien que מקדם *Mikkedem* soit en cét en-

Moyse a voulu signifier par le mot Mik-

droit un nom de lieu, & marque l'Orient, il est douteux si Moyse a voulu simplement nous faire entendre que le Paradis estoit oriental à son égard, lors qu'il écrivoit cecy ; & à l'egard de la Terre promise, pour les habitans de laquelle il écrivoit : ou s'il a voulu dire qu'il estoit dans la partie orientale du païs d'Eden. Mais il me semble que Moyse ayant dit que le Paradis estoit dans le païs d'Eden ; & le païs d'Eden estant si proche de l'Arabie Pierreuse, où estoient alors les Israëlites, peu d'entre eux ignoroient sa situation ; & il luy suffisoit d'avoir marqué que le Paradis estoit dans le païs d'Eden, pour faire connoistre que le Paradis estoit oriental à son égard, & à l'egard de la Terre promise. Au lieu qu'il estoit necessaire de marquer en quelle

kedem, que le Paradis estoit situé dans la partie orientale d'Eden.

partie du païs d'Eden eſtoit le Paradis. Car quelle apparence y a-t-il que Moyſe ayant entrepris de deſigner éxaƈtement la ſituation de ce Jardin, dont il donne dans la ſuite des marques ſi préciſes & ſi univoques, aprés avoir dit qu'il eſtoit placé dans le païs d'Eden, negligeaſt d'exprimer le quartier de ce païs où il eſtoit placé, pour parler du temps de ſa création, qui eſtoit aſſez marqué par le recit qu'il avoit fait dans le premier chapitre, de la création des plantes? Eſtoit-il plus de beſoin de ſavoir en combien de branches ſe diviſoit le fleuve qui baignoit le Paradis, & dans quelles contrées ces branches s'eſtendoient, & quelles denrées on rapportoit de ces contrées, que de ſavoir dans quel coſté d'une province, à quoy quelques Auteurs donnent une fort grande estenduë, ce Jardin délicieux estoit situé? Seroit-il digne de l'exactitude d'un bon Historien, qui voudroit écrire la prise de Napoli de Malvoisie, que les Venitiens viennent de faire sur les Turcs, de dire que c'est une ville de la Morée? Et ne devroit-il pas ajouster qu'elle est située sur la coste orientale de cette province?

CHAPITRE IV.

Explication du dixiéme Verset.

I. *Ambiguité du dixiéme Verset.* II. *Fondement de l'opinion, qui fait sortir les quatre fleuves du Paradis, d'une mesme source, & rentrer sous la terre, pour aller renaistre ailleurs.* III. *L'opinion qui establit que le fleuve qui sortoit d'Eden pour arroser le Paradis, avoit sa source hors du Paradis & d'Eden, est mieux fondée.* IV. *Elle est appuyée sur la description mesme de Moyse.* V. *On commence à connoistre plus précisement la situation du Paradis.*

Ambiguité du dixiéme verset.

I. Vers. 9. *Et le Seigneur Dieu fit germer de la terre toutes sortes d'arbres desirables à voir, & bons à manger; & l'Arbre de vie au milieu du Jardin, & l'Arbre de la science du bien & du mal.*

Vers. 10. *Et un fleuve sortoit d'Eden, pour arroser le Jardin; & delà il se divisoit, & estoit en quatre testes.*

Les paroles du neuviéme verset n'ont aucun rapport à la situation du Paradis terrestre, & sont hors du sujet de cét ouvrage. Mais les suivantes sont celles de toute cette description, qui designent avec le plus d'exactitude la situation du Paradis, à qui les lit avec application; & ce sont celles qui ont esté le moins penetrées, & qui ont le plus éloigné de la verité ceux qui les ont leuës negligemment, & n'ont pas sçeu se démesler des ambiguitez qui y sont du moins en aussi grand nombre, que dans les passages precedens. Car quand Moyse dit *qu'un fleuve sortoit d'Eden pour arroser le Paradis,* on ne sait s'il veut dire qu'un fleuve sortoit de la terre, & avoit sa source dans la province d'Eden, d'où il couloit ensuite dans le Jardin; où s'il veut dire qu'il avoit sa source dans le Jardin mesme, qui estoit dans la province d'Eden ; où s'il signifie seulement qu'aprés avoir parcouru cette province, il en sortoit pour arroser le Paradis. Toutes ces significations ont leurs partisans, & anciens, & modernes. Le nombre est grand de ceux qui par le mot *sortoit*, entendent, *naissoit, sortoit de la terre*. Et parce que ce fleuve se partageoit en quatre autres, dont les testes sont éloignées de la province d'Eden, quelques-uns ont imaginé des conduits sousterrains, par où les eaux de cette fontaine alloient chercher des issuës éloignées, pour former le Gange, le Tigre, l'Euphrate, & le Nil. Telle est l'opinion de ceux qui pensent que la Fontaine séellée, *Fons signatus*, qu'ils prétendent avoir esté celle qu'on voit encore aujourd'huy entre Bethleem & Hebron, & dont parle Salomon dans le Cantique des Cantiques, eſtoit la ſource des quatre fleuves; & que le Jardin fermé, *Hortus conclusus*, qu'ils placent au meſme lieu, eſtoit le Paradis terreſtre. Saint Jean de Damas s'eſt figuré que l'Ocean a eſté cette ſource, & par conſequent que toute la terre a eſté le Paradis. Quelques-uns ont cru qu'encore que le mot de *fleuve* ſoit icy employé au ſingulier, il a néanmoins une ſignification pluriere & collective, qui comprend les quatre fleuves. Sur ce fondement, ayant trouvé les ſources du Tigre & de l'Euphrate aſſez proches l'une de l'autre dans la grande Armenie, ils ont cherché aux environs celle du Phiſon & du Gehon; & trompez par quelques convenances de noms, ou par quelques rapports fort legers, ils ont formé diver-

Cant. 4. 12.

Joh. Damaſc. De orthod. fid. libr. 2. cap. 9.

ses conjectures, qui ont toutes quelque defaut essentiel, & ne répondent qu'à une partie de la description de Moyse. Le geographe El-Idris, qu'on appelle mal à propos Nubien, quoy qu'il y ait bien plus d'apparence qu'il soit né sujet de Roger second, Roy de Sicile : ce Geographe, dis-je, prevenu de la créance que la source de ce fleuve, dont parle Moyse, estoit dans le Paradis, a placé le Paradis à la source du Chamdan, grand fleuve de la Chine.

Geogr. Nub. Clim. 2. part. 10.

II. Toute bizarre qu'est cette opinion, de ces quatre grands fleuves nez d'une mesme source, & plongez sous la terre, presque aussi-tost qu'ils en sont sortis, pour aller renaistre en des lieux si éloignez, elle n'a pas laissé de trouver créance, mesme parmy les Payens, & d'autant plus qu'il

Fondement de l'opinion, qui fait sortir les quatre fleuves du Paradis, d'une mesme source, & rentrer sous la terre, pour al-

se rencontre de grandes convenances entre ces rivieres. Elles ont des debordemens reglez, quoy-que par des causes differentes; l'Euphrate & le Tigre, comme le Po & plusieurs autres, à cause des neiges des montagnes, qui se fondent aux approches du Soleil; le Nil & le Gange, comme tous ceux de la Zone torride, à cause des pluyes qui y tombent, quand le Soleil est vertical. On trouve les mesmes animaux dans le Gange, & dans les autres fleuves des Indes, que dans le Nil; comme des Crocodiles, & mesme des Hippopotames, si l'on en croit Philostrate & Onesicrite: Strabon contredit ce dernier; mais il est vray pourtant que le Nil n'est pas la seule riviere qui produise ces animaux. Dans celle de Petzora, & dans toute la coste des Samojedes, qui est vers

les rennistre ailleurs.

Philostr. vit. Apol. lib. 6. c. 1. Onesicrit. Strab. lib. 15.

le détroit de Vaygatz, on trouve un animal amphibie, que les Moscovites appellent Morss, qui est véritablement une espece d'Hippopotame. Cette raison a bien pu faire croire que le Nil & le Gange avoient une mesme source; puisque Alexandre ayant trouvé des Crocodiles dans le fleuve d'Inde, & des féves semblables à celles de l'Egypte, sur les bords de l'Acesine, autre riviere qui se décharge dans l'Inde, ne douta point qu'il n'eust trouvé la source du Nil. Car toute l'Antiquité, peu savante dans la Geographie, a cru, mesme depuis le temps de Marc Paul Venitien, qui vivoit il y a quatre cens ans, que les Ethiopiens estoient voisins des Indiens, & les a souvent confondus, & que le Nil venoit du Levant, & avoit sa source dans les Indes. Virgile le dit clairement : & le Poëte Gratius, qui estoit contemporain d'Auguste, écrit que les Roys d'Egypte moissonnoient le nard, qui croist sur les bords du Gange. On croyoit de plus, au rapport de Pausanias & de Philostrate, que le Nil estoit un écoulement de l'Euphrate, qui ayant plongé ses eaux dans des marais, renaissoit dans l'Ethiopie sous le nom du Nil. Et nous savons enfin par le témoignage du Poëte Lucain, & de Boëce, que quelques-uns se sont persuadé, que l'Euphrate & le Tigre avoient une mesme origine. Voilà donc les sources du Gange, du Nil, de l'Euphrate, & du Tigre rapprochées, & mesme réünies, selon la Geographie ancienne ; bien fausse à la vérité, & bien ridicule, & qui a bien contribué à entretenir l'erreur

Virgil. Georg. lib. 4.

Pausan. Corinth. Philostrat. Vit. Apoll. lib. 1. c. 14.

Lucan. lib. 3. Boët. Consol. lib. 5. Metr. 1.

grossière de ceux qui ont mal entendu les paroles de Moyse, que nous examinons.

L'opinion qui souſtient que le fleuve qui ſortoit d'Eden pour arroſer le Paradis, avoit ſa ſource hors du Paradis & d'Eden, est mieux fondée.

III. Mais ceux qui ſouſtiennent que ce fleuve, qui ſortoit d'Eden pour arroſer le Paradis, avoit ſa ſource hors du Paradis & d'Eden, & que le mot *ſortoit*, ne ſignifie pas *naiſſoit*, mais paſſoit d'Eden dans le Paradis, ſont en plus grand nombre & d'un plus grand poids. Le mot *egrediebatur*, dont s'est ſervi l'Auteur de la Vulgate; & ἐκπορεύεται que les Septante ont employé; à quoy répondent les traductions orientales, expriment le cours d'une riviere, & non ſon origine. Le terme meſme יצא *jotſe* qui ſe trouve dans le texte Ebreu, nous donne la meſme idée. Car encore qu'il ſe trouve ailleurs, & meſme dans Moyſe, pour ſignifier la naiſſance des

DU PARADIS TERRESTRE. 63
eaux; néanmoins ces expressions
estant figurées, & ce mot ne se
trouvant point employé dans
des recits historiques, je ne vois
pas qu'on en puisse rien conclure
pour sa signification propre. Aussi les Ebreux ont ils plusieurs autres termes bien plus propres
pour cette signification ; & ils
n'en ont point de plus propre
que יצא *jatsa* dans le sens de sortir en s'écoulant, pour passer dans
un autre lieu.

IV. La chose mesme que
Moyse décrit, bien consideree, nous conduit à ce mesme sens.
Car Eden & le Paradis estant
deux lieux differens, comme je
l'ay montré (j'entens differens,
comme le tout de sa partie) &
l'Auteur sacré ayant voulu dire
que le fleuve partoit de l'un pour
passer en l'autre : il a exprimé les
deux termes de cette course,

Elle est appuyée sur la description mesme de Moyse.

Eden, & le Jardin, & il a employé les mots & les particules les plus convenables à cette expression ; car יָצָא *jatsa*, comme j'ay dit, dans sa signification la plus naturelle, veut dire sortir ; & la proposition מִן *min*, qui se trouve attachée au mot עֵדֶן *Eden*, dans le mot מֵעֵדֶן *meeden*, sert à marquer le lieu d'où se fait cette sortie. Les Septante l'ont fort bien renduë par la particule ἐκ, & la Vulgate par celle-cy *de*. Dans le mot suivant, לְהַשְׁקוֹת *lehaschcoth*, *pour arroser*, la particule exprimée par la lettre ל, qu'on employe d'ordinaire pour marquer le gerondif, signifie la cause finale de cette sortie : & les paroles suivantes אֶת־הַגָּן *eth-haggan*, *le Jardin*, désigne le terme local de cette course. Que si par ces paroles, *Et un fleuve sortoit d'Eden pour arroser le Jar-*

din, Moyse avoit voulu dire, que ce fleuve sortoit de terre dans Eden, il est tout clair que son recit auroit esté defectueux, ne disant rien du cours de ce fleuve: & pour estre complet, il auroit dû estre conceu en ces termes, Et un fleuve avoit sa source dans le païs d'Eden, d'où il s'écouloit pour aller arroser le Jardin.

V. Cette explication estant receuë, nous commençons à voir un peu plus clair dans la situation du Paradis. J'ay dit que le Paradis estoit situé sur le canal du Tigre & de l'Euphrate joints ensemble, entre leur jonction & leur division. Ce canal s'appelle aujourd'huy *Schat-el-Arab*, c'est-à-dire, *Fleuve des Arabes*. C'est le fleuve dont Moyse parle icy. Puisque le Paradis occupoit la partie orientale de la province

On commence à connoistre plus precisément la situation du Paradis.

d'Eden, comme je crois l'avoir solidement prouvé, & que le fleuve qui l'arrosoit, passoit par cette province avant que d'entrer dans le Paradis, il faut de toute necessité que le Paradis ait esté situé sur un des détours de ce fleuve, qui aille de l'Occident à l'Orient. Et si l'on veut encore quelque chose de plus précis, on peut entendre ce grand détour que fait le fleuve vers l'Occident entre sa jonction & sa division, & qui est marqué par Agathodæmon dans les Cartes de Ptolemée, & dire que le Paradis estoit placé à l'extrémité orientale de la branche meridionale de cette courbure. Et par conséquent tous ceux qui l'ont placé dans les endroits où ce fleuve coule vers l'Occident, ou vers le Midy se sont trompez. Il pouvoit bien faire quelque

DU PARADIS TERRESTRE. 67
autre tour dans le Paradis, puis reprendre sa course vers le Midy. Joſephe, dit qu'il environnoit cette terre de délices, πᾶσαν ἐν κύκλῳ τὴν γῆν περιρέοντος. Ce que je ne crois qu'en partie, estant persuadé que la plus grande partie du Jardin estoit sur la rive orientale du Tigre. Je prie le Lecteur de faire attention sur cette remarque, qui est tres-importante pour la recherche que nous faiſons.

Joſeph. Antiq. lib. 1. cap. 2.

CHAPITRE V.
Continuation de l'explication du dixiéme Verſet.

I. *Nouvelle ambiguité de ce Verſet. La diviſion du fleuve ſe faiſoit hors du Jardin.* II. *Les quatre teſtes en quoy ſe diviſoit le fleuve, eſtoient quatre fleuves differens.* III. *Pourquoy ces quatres fleuves ſont appellez Teſtes.*

I. Verſ. 10. *Et de là il ſe diviſoit, & eſtoit en quatre*

Nouvelle ambiguité de ce ver-

tefles. Les loix de la Grammaire veulent que cette particule *de là* se rapporte à ce qu'il a nommé le dernier, sçavoir le Jardin. Et en effet, Moyse outre les autres marques qu'il a données de la situation de ce Jardin, ayant entrepris de nous la faire connoistre par les rivieres ou canaux, en quoy se divise ce grand fleuve qui le baigne, la description qu'il va faire de ces canaux doit se rapporter à ce Jardin. Cependant comme le Paradis estoit une partie d'Eden, on peut considerer conjointement Eden & le Paradis dans la description de ces quatre branches, par ce que la division s'en faisoit hors de l'un & de l'autre. Moyse l'a assez clairement marqué, quand il a dit qu'un fleuve sortoit d'Eden pour arroser le Jardin : car ces paroles nous font entendre qu'il

set. La division du fleuve se faisoit hors du jardin.

n'y avoit qu'un fleuve dans le Jardin & dans Eden, & partant que la division ne s'y faisoit point. Néanmoins la subtilité des Interpretes n'a pas laissé de trouver icy de quoy s'exercer. Les uns disent que la particule *de là* se rapporte à Eden, & que le fleuve s'y divise en quatre canaux avant que d'entrer dans le Jardin. D'autres veulent que la division se fasse à l'entrée du Jardin. Ceux qui prétendent que le fleuve se divise dans Eden, sont encore partagez entre eux ; les uns estimans qu'il se divise en quatre canaux dans Eden, qui tous quatre entrent dans le Paradis ; les autres n'en recevant qu'un dans le Paradis, & répandant le surplus dans Eden. Il s'en trouve qui raffinent encore davantage, & veulent qu'il se fasse d'abord une division du fleuve en deux branches; & un peu plus bas, une subdivision de chacune de ces deux branches en deux autres, pour faire les quatre. Mahomet, homme d'une imagination libre & feconde, n'est point entré dans tout ce détail, lors que suivant son goust & son genie, il a formé l'idée d'un Paradis arrosé de quatre fleuves, l'un d'eau pure, l'autre de lait, l'autre de vin, & le quatriéme de miel. Quoy que plusieurs de ses sectateurs ne parlent que des trois derniers, ne comptant l'eau pour rien. La meilleure & la plus saine partie des Interpretes est persuadée que la division se faisoit hors du Jardin.

Les quatre testes en quoy se divisoit le fleuve, estoient qua-

II. Vers. 10. *Et estoit en quatre testes.* Plusieurs Traducteurs ont negligé ces deux mots, *& estoit*, & ne les ont point representez dans leurs versions. Les

Septante sont de ce nombre, & apparemment la Vulgate a retenu cette omission de l'ancienne Italique qui avoit esté faite sur les Septante. Il y a sujet de s'estonner que Saint Jerosme qui a dit que l'arrangement mesme des paroles de l'Ecriture estoient des mysteres, n'ait pas suppleé ce qui manquoit à cet endroit. Quand la fidelité que les Traducteurs, & principalement les Traducteurs de la parole de Dieu, doivent au public, & à ce sacré original, ne les auroit pas obligez de nous tenir compte de ces paroles, l'éclaircissement seul de la matiere, je veux dire de la situation du Paradis, devoit les y engager. Car quand Moyse, aprés avoir dit, que le fleuve se divisoit aprés la sortie du Paradis, a ajousté, *& estoit en quatre testes,* il nous a voulu faire en-

tre fleuves differens.

Hier. Epist. 101. ad Pammach.

tendre, à mon avis, que cette division formoit quatre canaux, qui sont autant de fleuves différens & séparez, & qui ne se rejoignent point. C'est donc comme s'il avoit dit, Et de là il se divisoit & devenoit quatre testes : marquant d'abord la division, & ensuite l'effet & les parties de la division. C'est le sens qu'emporte la phrase Ebraïque. De mesme que dans le second livre de Samuel, pour dire, *Soyez de braves gens;* l'Ebreu porte, *Soyez en braves gens.* De mesme que saint Matthieu voulant dire, *Et les deux seront une chair,* a retenu le tour Ebraïque de Moyse, *Et ils seront deux en une chair.* Et de mesme que Saint Jean, au lieu de dire, *Et ces trois sont un,* a parlé en Helleniste, c'est-à-dire qu'il s'est servi d'une phrase Ebraique avec des termes

marginalia:
2. Sam. 13. 18.
Matth. 19. 5.
Gen. 2. 24.
1. Joan. 7. 2.

mes Grecs, *Et ces trois sont en un.*

III. Vers. 10. *En quatre testes.* Le mot *capita*, dont s'est servi l'Auteur de la Vulgate, en traduisant à la lettre l'Ebreu ראשים *raschim*, a trompé plusieurs Commentateurs. Car ayant trouvé dans Horace, dans Properce, & dans quelques autres Auteurs Latins, le mot *caput*, dans la signification de *source, fontaine*, ils luy ont donné icy le mesme sens, & ont jugé que ce fleuve produisoit les sources des fleuves que Moyse va nommer. Ils se sont asseurément abusez; car les mots ראשים *raschim*, & *capita*, sont pris icy figurément: non pas selon l'explication de quelques Interpretes, pour signifier des fleuves qui soient les chefs & les princes des autres fleuves du païs, dans

Pourquoy ces quatre fleuves sont appellez Testes.

Horat. Carm. lib. 1. od. 1. Propert. lib. 2. Eleg. 12.

D.

le sens que Virgile a dit, *Flu-viorum rex Eridanus*; & en parlant du Tibre, *Hesperidum regnator aquarum*; parce que le mot ראשים *raschim* dans cette signification auroit dû estre suivi du nom de la chose, dont ces fleuves auroient esté les chefs, comme ils le sont dans ces endroits de Virgile, & presque toûjours dans l'Ecriture : mais il est employé pour marquer les *commencemens*, les *abords, ce qui se rencontre le premier*. Les Septante ont trés-bien exprimé ce mot par celuy d'ἀρχάς. Celuy de *testes* en François a souvent le mesme usage : & c'est une illusion de Severien & de Glycas, d'avoir traduit l'ἀρχάς des Septante par πηγάς, *fontaines*. Nous trouvons en plusieurs lieux de l'Ecriture le mot de ראש *rosch*, employé metaphoriquement, pour signifier

Virgil. Georg. 1. & Æn. 8.

Sever. Gabal. Hom. 5. in Hexaëm. Mich. Glyc. Ann. Part. 1.

DU PARADIS-TERRESTRE. 75
l'entrée d'un chemin, & rendu dans les Septante par le mot d'ἀρχή, & par celuy de *caput* dans la Vulgate. Il se prend ailleurs pour une *troupe de gens de guerre*. En ce sens les Septante le traduisent encore par ἀρχή. Il se rendroit fort bien en Latin par le mot d'*agmen*, qui peut-estre ne conviendroit pas mal au passage que nous examinons. Car Virgile a dit, *Venit agmen aquarum*. Et c'est apparemment dans cette signification que le Traducteur Samaritain a exprimé le mot ראשים *raschim* par celuy de *nezolin*, qui répond à l'Ebreu נוזלים *nozelim*, c'est-à-dire *des cours d'eau*, *ductus aquarum*; & non pas *des isles*, comme porte la version de la Polyglotte d'Angleterre. Mais le sens le plus propre & le plus naturel, est que le fleuve se divisoit en quatre

Virgil. Georg. 1.

D ij

teftes, quatre commencemens, quatre entrées. Et ce feroit parler fort proprement, que de dire de quelqu'un, qui au fortir du Jardin fe feroit embarqué fur le fleuve, qu'aprés avoir navigé quelque temps; il feroit entré dans le Phifon, ou dans le Tigre. En cela il ne faut pas confiderer le grand fleuve avec fes quatre branches, par rapport au cours de fon eau, mais par rapport à la difpofition de fon lit. Il le faut regarder comme un grand chemin, dont on pourroit dire, qu'il traverfe une foreft, & que delà il fe divife en quatre chemins, foit que la divifion fe faffe au-deffus ou au-deffous de la foreft. Moyfe n'a point dit fi celle du fleuve fe fait au-deffus ou au-deffous du Paradis; ni fi elle fe fait prés ou loin. C'eftoit affez le dire, que de nommer les quatre canaux ou rivieres qui naiſſoient de cette diviſion. Ces quatre rivieres eſtoient ſi connuës dans les lieux où Moyſe écrivoit, & aux perſonnes pour qui il écrivoit, qu'il ſuffiſoit de les nommer pour les faire connoiſtre. Il ne s'en eſt pas pourtant contenté; & comme prévoyant que les ſiecles futurs, & les nations éloignées, qui avoient part auſſi au deſſein de ſon ouvrage, auroient beſoin de quelque éclairciſſement, il a appoſé des marques ſi claires pour reconnoiſtre ces rivieres, qu'on ne peut s'y méprendre que faute d'attention, & ne pas voir que les quatre rivieres qui partageoient le grand fleuve du Paradis, eſtoient l'Euphrate & le Tigre au-deſſus; & au-deſſous les deux branches qui diviſent le canal commun du Tigre & de

78 DE LA SITUATION
l'Euphrate, avant qu'il tombe dans le Golphe Persique. C'est ce que la suite va faire voir.

CHAPITRE VI.
Explication de l'onziéme Verset.

I. *Idée generale du cours de l'Euphrate & du Tigre.* II. *La face du païs que parcourent l'Euphrate & le Tigre est bien changée depuis Moyse.* III. *L'Euphrate dans les commencemens n'avoit qu'un seul canal qui se joignoit au Tigre, mais depuis on en a tiré plusieurs autres.* IV. *Autres canaux encore tirez de l'Euphrate.* V. *Autres changemens arrivez en ces quartiers.* VI. *Quelques-uns ont nié sans raison que le Tigre & l'Euphrate joints ensemble se separent avant que de tomber dans la mer.*

Idée generale du cours de l'Euphrate & du Tigre.

I. V*ers.* 11. *Le nom de l'un est Phison: c'est celuy qui tournoye dans toute la terre de Chavilah, où il y a de l'or.* Vers. 12. *Et l'or de cette terre est bon: là est* *le Bdellium, & la pierre d'Onyx.* Avant que de traitter en détail des fleuves du Paradis, il est necessaire de donner au Lecteur une idée du cours de l'Euphrate & du Tigre, sans quoy malaisément pourroit-il entendre ce que j'ay à dire. L'Euphrate a sa source dans la grande Armenie, au costé Septentrional du mont Abos, qui est une branche du Taurus. Le Tigre a la sienne dans le mesme païs, au costé meridional du mont Niphate, autre branche du Taurus. Ces deux sources sont éloignées l'une de l'autre de plus de cent lieües. L'Euphrate prend sa course du costé de l'Occident, le Tigre du costé de l'Orient: & ils enferment la Mesopotamie, l'une des plus fameuses & des plus fertiles contrées de la terre. Ils se joignent ensuite par plusieurs canaux, qui enferment l'ancienne Babylonie. Puis ne faisant plus qu'un mesme lit, ils s'avancent vers le Midy, & avant que de tomber dans le Golphe Persique, ils se separent de nouveau & enferment dans leurs bras une grande isle, qui s'appelloit autrefois Messene, & qui s'appelle presentement Chader.

La face du païs que parcourent l'Euphrate & le Tigre est bien changée depuis Moyse.

II. Du temps de Moyse la face de ce païs estoit bien differente de ce qu'elle a esté depuis, & de ce qu'elle est aujourd'huy : l'industrie des hommes; la puissance des Roys d'Assyrie, d'Egypte, & de Perse, & des Caliphes, qui ont esté maistres tour à tour de ces contrées ; la longueur du temps, la violence de la mer, & les débordemens des rivieres, y ayant apporté de grands changemens. Des cinq canaux qui portent l'eau de l'Euphrate dans le Tigre, & dans divers lacs, quatre ont efté faits par le travail des hommes : il n'y a que celuy qui traverfoit la grande ville de Babylone, qui foit naturel. Il femble que cela ne s'accorde pas avec l'opinion de quelques anciens Auteurs, qui ont écrit que l'Euphrate entroit dans la mer, du cofté du Couchant, par une embouchure qui luy eftoit particuliere, & differente des deux, qui luy ont depuis efté communes avec le Tigre. D'où l'on pourroit conclure que du temps de Moïfe, l'Euphrate ne fe joignoit point au Tigre. Ces Auteurs ajoûtent que ce canal à force d'eftre faigné & détourné par les Arabes Scenites, pour arrofer leur terroir fec & fterile, eft demeuré fi foible & fi extenué, qu'il n'a pû continuer fa courfe jufqu'à la mer, comme il est arrivé au Rhin par les frequentes coupures, que luy ont faites les Hollandois.

L'Euphrate dans les commencemens n'avoit qu'un seul canal qui se joignoit au Tigre: mais depuis on en a tiré plusieurs autres.

III. Mais un grand fleuve, comme l'Euphrate, enflé de plusieurs rivieres, & qui se grossissoit tous les estez des neiges fonduës & des avalaisons du mont Taurus, pouvoit bien fournir à deux canaux dans ces commencemens, puisqu'il a fourni depuis à tant d'autres. Quelques-uns ne furent faits d'abord que pour remedier aux débordemens qui ruinoient les campagnes. Leur nombre fut augmenté depuis pour arroser celles qui manquoient d'eau. Nabuchodonosor, qui fut un grand prince, & de haute entreprise, se signala dans ces ouvrages, & pour dégager ce païs des eaux de l'Euphrate, qui le noyoient entierement, tira les principaux canaux : & pour prevenir la secheresse qui pouvoit en arriver, il fit de grands reservoirs avec des écluses, & se rendit maistre de ce fleuve indocile, & de ces eaux incommodes. Mais quoy que cette abondance d'eau puisse avoir fourni d'abord au canal qui tomboit dans le Tigre, & à celuy qui alloit vers l'Arabie, & entroit dans la mer, il est néanmoins plus croyable que l'Euphrate n'avoit qu'un seul canal naturel, qui estoit celuy qui le joignoit au Tigre ; & que cet autre qui le détournoit vers le Couchant, estoit l'ouvrage des Arabes. Tous les Anciens, & mesme ceux qui ont le mieux décrit ces canaux faits à la main, témoignent si affirmativement & si constamment que l'Euphrate se joignoit naturellement au

Tigre, & que ceux qui en creuserent d'autres, ne firent que suivre l'indication de la nature, qu'on ne sauroit dire le contraire sans temerité. On lit dans un ancien fragment d'Abydene, rapporté par Eusebe, que tout ce païs estoit si couvert d'eau dans les commencemens, qu'on l'appelloit La mer. Cela ne pouvoit venir que du débordement de l'Euphrate, dont le lit est fort élevé : de sorte qu'aux ouvertures qui se presentoient, sa pente naturelle l'emportoit dans les campagnes plattes des Babyloniens, & aprés les avoir couvertes, il tomboit necessairement dans le Tigre, qui estoit proche, & dont le lit estoit fort bas. Ce fut cette disposition qui osta à Trajan la pensée qu'il avoit de tirer une nouvelle tranchée de l'Euphrate au Tigre, pour y con-

Euseb. Præp. Evang. lib. 9. cap. 41.

duire des batteaux, dont il vouloit faire un pont sur le Tigre. Il apprehenda qu'il ne se fist un trop grand écoulement des eaux de l'Euphrate, & qu'on ne pust plus le naviger.

IV. Quand on eut remedié à ces inondations par des tranchées, (que la terre de ce pays-là souffroit aisément, estant grasse & molle, mais qu'il falloit renouveller souvent) & par des éclufes, les Arabes à cet exemple, pour se défendre d'un mal contraire, je veux dire de la secheresse de leur terre sablonneuse, commencerent à détourner les eaux de l'Euphrate de leur costé : & aprés avoir abbreuvé leur terroir, ils laisserent aller le trop-plein dans la mer. Ce trop-plein fut tari depuis par de nouvelles couppures. Peut-estre aussi que ce conduit n'estoit qu'un torrent qui cou-

Autres canaux encore tirez de l'Euphrate.

loit dans la mer pendant l'esté, lors que l'Euphrate se debordoit. Quoy qu'il en soit, les Assyriens & les Babyloniens, qu'une longue possession faisoit regarder ces eaux comme leur propre, s'opposerent à ce larcin des Arabes; & il en vint de grands demeslez entre ces nations. Il semble que ce fut pour terminer cette querelle, & rendre aux Babyloniens ce qui leur appartenoit, qu'Alexandre entreprit de remettre l'Euphrate dans son ancien lit, en bouchant le canal nommé Pallacopas, qui luy faisoit prendre un autre cours. On n'avoit pensé en creusant cette fosse, qu'à faire ce qu'on avoit fait en creusant les autres, savoir à empescher les débordemens de ce fleuve, qui arrivoient tous les estez, en conduisant ses eaux dans des estangs & des marais : mais les terres des Babyloniens demeurant à sec pendant le reste de l'année, & celles des Arabes en profitant, Alexandre voulut remettre les choses en leur premier estat ; comme un Satrape de Babylone l'avoit voulu faire auparavant. L'ouvrage fut commencé, mais la mort de ce Prince empescha qu'il ne fust consommé alors, comme il l'a esté depuis. Alexandre visita plusieurs de ces conduits, les fit nettoyer, ouvrit les uns, boucha les autres, & en fit faire quelques nouveaux. Plusieurs Princes prirent le mesme soin. On voit encore aujourd'huy le long du lit commun du Tigre & de l'Euphrate, à droit & à gauche, plusieurs canaux faits à la main. Les Perses ignorans dans la navigation, & dans le commerce & la guerre de mer, & craignans les invasions qu'on pouvoit faire dans leur païs par le Tigre & par l'Euphrate, avoient fait faire des sauts & des cataractes en divers endroits de ces fleuves. Alexandre les rétablit dans leur estat naturel, en sorte que les vaisseaux pouvoient remonter jusqu'à Opis & à Seleucie par le Tigre ; & jusqu'à Babylone par l'Euphrate. C'est ainsi que l'art luttant contre la nature, toute cette contrée en a esté defigurée.

Autres changemens arrivez en ces quartiers.

V. D'ailleurs la mer qui s'entonne avec impetuosité dans le Golphe Persique par le détroit d'Ormus, & dont les marées remontent jusqu'à trente lieües dans l'Euphrate, vient battre rudement cette coste, qui est le fond du Golphe, & y fait beaucoup de ravage. Ces violentes marées avec la rapidité du Tigre, & une tempeſte qui ſurvint, mirent en grand peril Trajan avec ſes legions, vers l'iſle que produit la ſeparation du Tigre & de l'Euphrate. Ce païs, qui eſt plat, eſt defendu par des digues en quelques endroits : mais en pluſieurs autres l'entrée eſtant preſque libre aux eaux de la mer, elles tuent par leur ſel trop acre les fruits de la terre, & la rendent ſterile. Ce meſme Nabuchodonoſor, dont j'ay parlé, qui executa de ſi grandes choſes, domta cette mer par de fortes digues, comme il avoit domté l'Euphrate ; & reprima les brigandages des Arabes, grands voleurs dés ce temps-là, en faiſant baſtir la ville de Teredon à l'entrée de leur païs. Aſſez prés de là, vers le Levant, les eaux des rivieres ont charié tant de limon à leur embouchure, que la mer en a esté bien reculée. De sorte que le Fort de Spasine, situé sur la coste, entre l'embouchure orientale du Tigre & celle de l'Eulée, qui n'estoit autrefois éloigné de la mer que d'un peu plus d'une demie lieuë, s'en trouvoit éloigné de cinquante lieuës du temps de Pline, qui assure qu'il ne s'estoit point fait ailleurs un si grand ni si prompt accroissement. J'ay pourtant bien de la peine à m'empescher de croire qu'il y a quelque erreur au chiffre : ce qui n'est que trop ordinaire dans les livres des Anciens. Je sais que le mesme Pline a dit aprés Theophraste, que l'Euphrate & le Tigre ne charient point de limon; mais cela ne se peut entendre que de leurs eaux qui sont prés des sources : car toute riviere qui se deborde, devient ne-

Plin. lib. 6. cap. 27.

Plin. lib. 18. cap. 17. Theophr. De causs. plant. lib. 8. cap. 7.

cessairement bourbeuse, & les Voyageurs modernes rapportent que les eaux de l'Euphrate approchant de la mer sont fort jaunes & fort limonneuses. Outre que le Fort de Spasine n'est point sur les embouchures de l'Euphrate & du Tigre, ni sur celle de l'Eulée, mais sur le bord de la mer entre les embouchures de ces rivieres. La suite du temps a remis la mer en possession de ses droits; car les habitans du païs montrent presentement en ces quartiers la place d'une grande ville, qui est sous l'eau. Outre tous ces changemens, on voit le long des rives de l'Euphrate & du Tigre les debris de plusieurs belles villes, dont les histoires anciennes vantent tant l'opulence & la grandeur.

VI. Il y a sujet de s'étonner *Quelques-uns ont nié*

que des gens aussi éclairez que le Cardinal Bellarmin, les Peres Malvenda & Bonfrere, ayent pû nier que le Tigre & l'Euphrate joints ensemble, se separent de nouveau, avant que d'entrer dans la mer. Que deviendra donc cette grande isle que forme leur separation, si nettement décrite par Philostorge, qu'on nomme aujourd'huy Chader, lors qu'il dit qu'elle est habitée par les Messeniens, qu'elle est environnée en partie d'eau de mer, & en partie d'eau douce, savoir de deux grands fleuves que produit le Tigre, en se partageant avant que d'entrer dans la mer? Et il ne faut pas prendre pour une exaggeration ce qu'il dit de la grandeur de ces deux canaux, puisque celuy du Tigre & de l'Euphrate a deux fois & demi la largeur de la Sei-

Sans raison, que le Tigre & l'Euphrate joints ensemble se separent avant que de tomber dans la mer.
Bellarm. De grat. prim. hom. cap. 12.
Malvend. de Parad. cap. 48.
Bonfrer. in Gen. 2. 11.
Philostorg. lib. 3. cap. 7.

ne à Paris, quoy que tres-profond ; & une lieuë, en approchant de la mer. Joignez au témoignage de Philostorge, celuy d'Asinius Quadratus dans le Geographe Stephanus ; qui dit que ce païs nommé Messene, est enfermé entre le Tigre & l'Euphrate. Joignez-y encore celuy de Ptolemée, qui donne deux embouchures au Tigre, l'une orientale & l'autre occidentale, & place la ville de Teredon au milieu. Mais les chiffres de la position de cette ville sont sans doute défectueux dans cet Auteur, car elle n'est point dans l'isle, mais sur la rive Arabique du canal occidental, & on en montre encore aujourd'huy les ruines. Ioignez-y de plus le suffrage de Xiphilin, qui rapporte que Trajan se rendit maistre de cette isle nommée Messene, que

Steph. in Μεσήνη.

Ptolem. lib. 6. cap. 3.

Xiphil. Trajan.

fait le Tigre vers son embouchure, & où il pensa perir. Joignez-y de plus celuy de Marcien d'Heraclée, qui parle de l'embouchure orientale du Tigre, & qui en suppose par consequent une occidentale. Et joignez-y enfin celuy des Voyageurs de ces derniers temps, & principalement de Teixeira Portugais, & de M. Thevenot François, qui ont veû & décrit la division de ces deux canaux.

<small>Marc. Héracl. Peripl.</small>

<small>Teixeir. Relat. de son voyag. chap. 3. Theven. Tom. 2. liv. 3. chap. 4.</small>

Chapitre VII.

Continuation de l'explication de l'onziéme Verset.

I. *L'opinion la plus commune, touchant le Phison, est que c'est le Gange.* II. *Fondemens de cette opinion,* III. *qui ne satisfait pas aux objections.* IV. *D'autres ont crû que le Phison est l'Inde ; d'autres l'Hydaspe ; d'autres l'Hyphasis ;* V. *Haython, l'Oxus ;* VI. *plusieurs Rabbins, le Nil ;* VII. *d'autres, le Phase ;* VIII. *quelques-uns, le Danube ;* IX. *quelques autres, le Naharmalca ;* X. *& d'autres enfin, le canal oriental des deux en quoy se partagent le Tigre & l'Euphrate joints ensemble.* XI. *On fait voir que le Phison est le canal occidental des deux en quoy se divisent le Tigre & l'Euphrate joints ensemble.* XII. *L'origine du mot Phison sert à le prouver.* XIII. *Plusieurs savans hommes ont eû quelque connoissance de ce que c'est que le Phison.* XIV. *Le Phison a depuis communiqué son nom à d'autres rivieres.*

I. Vers. 11. *Le nom de l'un est Phison.* Il faut icy sous-entendre le mot de *fleuve*, qui

L'opinion la plus commune touchant le

Phison, est que c'est le Gange.

est exprimé dans la suite en parlant des autres. Celuy-cy est le premier des quatre, qui faisoient le partage du grand fleuve, qui sortoit d'Eden & du Paradis. Ce seroit une grande entreprise, fort ennuyeuse pour le Lecteur, & plus encore pour moy, de rapporter en détail les diverses opinions que l'on a euës sur ce fleuve, & les noms des Auteurs qui les ont proposées, & les raisons dont ils les ont appuyées, & de m'amuser à les examiner, & à les contredire. Je les toucheray seulement en passant, estant persuadé que la meilleure maniere de les refuter, ce sera de chercher soigneusement la verité, & de tascher aprés l'avoir découverte, de la bien établir ; car cela fait, tout ce qui s'en éloignera tombera de soy-mesme. L'opinion la plus ancienne, & la plus

plus universellement receuë, est que le Phison est le Gange. Josephe semble en estre le premier auteur; & elle a esté suivie par Eusebe, par saint Ambroise, par saint Epiphane, par saint Jerosme, par saint Augustin, par plusieurs autres Peres de l'Eglise, & par la plufpart des Interpretes, & des Theologiens modernes. Elle l'a esté par les Indiens mesme, & c'est sur quoy ils se sont fondez pour croire que le Gange est saint, qu'il efface leurs pechez & les sanctifie, lors qu'ils s'y baignent; & qu'il les sauvera aprés leur mort, si l'on y plonge leurs corps.

Joseph. Antiq. lib. 1. cap. 2. Euseb. De locis Ebr. Ambros. de Parad. cap. 3. Epiph. Ancor. cap. 58. Hier. Epist. 4. ad Rust. cap. 1. & Quæst. Ebr. in Genes. Augustin. de Gen. ad liter. lib. 8. cap. 7.

II. Cette opinion s'est principalement établie, sur la beauté, les richesses, & les commoditez de ce fleuve, dont les livres des Voyageurs sont pleins. Car encore qu'Arrien ait écrit que

Fondemens de cette opinion.

Arrian.

tous les Indiens, chez qui Alexandre porta la guerre, estoient sans or, il y en avoit pourtant dans leur terre; & Moïse a eû égard à la nature du païs, & non aux mœurs des habitans. Il est certain que le Gange a de l'or dans ses sables, & sur ses rives; qu'on le met au premier rang des fleuves qui donnent des pierres precieuses ; que les royaumes de Golconda & de Bisnagar, qui sont sur la coste occidentale du Golphe de Bengale, où le Gange se décharge, sont abondans en perles & en pierres precieuses, & que ne paroissant pas vray-semblable que de mediocres rivieres sortissent d'un lieu preparé & embelli de la main de Dieu, on ne pouvoit attribuer cet honneur qu'aux plus fameux fleuves du monde. Ainsi la beauté & les richesses du Gange ont fait croire

Exped. Alex. lib. 5.

DU PARADIS TERRESTRE. 99
qu'il venoit du Paradis, & cette creance l'a fait eſtimer ſaint. Mais de plus comme ceux qui veulent que le Phiſon ſoit le Gange, veulent auſſi que le Gehon ſoit le Nil, on découvre un autre motif qu'ils ont eû d'entrer dans ce ſentiment. C'eſt ce paſſage de l'Eccleſiaſtique, où il eſt dit de Dieu, *qu'il emplit tout de ſageſſe, comme le Phiſon, & comme le Tigre au renouveau : qu'il remplit l'entendement, comme l'Euphrate, & comme le Jourdain au temps de la moiſſon : qu'il fait briller la doctrine ainſi qu'une lumiere, & comme le Gehon au temps de la vandange.* Les Peres en liſant ce paſſage ſe ſont perſuadez que l'Auteur avoit commencé le dénombrement de ces fleuves par l'Orient, & l'avoit fini à l'Occident, ſuivant la coutume des Ebreux, de regarder

Eccli. 24. 35. & ſeq.

E ij

l'Orient dans leurs descriptions Geographiques, & de mettre par consequent le Septentrion à leur gauche, & le Midy à leur droite; & qu'ainsi le Phison estant le plus oriental de ces cinq, il ne pouvoit estre autre que le plus noble des fleuves d'Orient, qui est le Gange. Le Tigre vient aprés, comme le plus oriental des quatre autres; puis l'Euphrate; le Jourdain ensuite; & enfin le Gehon, qui devoit estre le plus fameux des fleuves d'Occident; comme le Gange de ceux d'Orient; & ils n'en ont pas trouvé de preferable au Nil. Mais je ne vois rien qui nous oblige de croire, que le saint Auteur ait eû cette veuë en disposant ainsi ces rivieres, & qu'il ne les ait pas nommées au hazard.

qui ne satisfait pas aux obje-

III. Lors qu'on a posé ce fondement, que le Phison est le Gange, on ne s'est point embarassé de l'objection qu'on pouvoit raisonnablement faire, sur la distance de sa source, & de celles des autres fleuves qui venoient du mesme lieu ; ce qui auroit fait le Jardin presque aussi grand que la terre. On a eû recours à des conjectures frivoles, ou à des fictions sans preuves, ou au miracle, qui est le refuge ordinaire de ceux à qui la raison ne fournit point de defense, & un moyen seur pour soustenir les opinions les plus bizarres. On avoit ouï dire faussement que le Tigre & l'Euphrate sortoient d'une mesme source ; & on avoit ouï dire veritablement qu'assez prés de cette source ils se plongeoient sous la terre, & reparoissoient bientost aprés. On n'a point examiné la longueur de cette course cachée, & on a donné une énorme étenduë à une étenduë de peu de lieuës. On a dit que cette pretenduë source avoit partagé ses eaux en quatre fleuves, & que ces fleuves s'estoient ensuite cachez sous la terre, & qu'aprés de longs détours secrets & inconnus, qu'ils avoient faits sous divers païs, & sous diverses mers, ils estoient allé renaistre au bout du monde. Sur ce principe on a choisi les fleuves qu'on a voulu, pour en faire le Phison & le Gehon. Et veritablement fleuve pour fleuve, on ne pouvoit mieux choisir que le Gange.

D'autres ont crû que le Phison est l'Inde; d'autres, l'Hydaspe; d'autres, l'Hyphasis;

IV. Ceux qui sans aller si loin se sont arrestez à l'Inde, ou à l'Hydaspe qui s'y joint, ou à l'Hyphasis qui s'y joint aussi, selon quelques-uns, ou qui entre dans la mer par sa propre embouchûre, selon d'autres, y ont trouvé une partie des mesmes avantages, que les autres ont trouvez dans le Gange. L'Hydaspe porte de l'or & des pierreries ; & Philostorge pour prouver que l'Hyphasis est le Phison, dit qu'il porte l'arbre du Girofle, que les habitans du païs croyent estre un des arbres du Paradis ; & qu'il guerit en un instant ceux qui s'y plongent dans l'ardeur de la fievre.

Philostorg. lib. 3. cap. 10.

V. Mais je ne puis deviner quelle raison a eûë Haython prince d'Armenie, & Religieux de l'ordre de Premonstré, quoy que fort instruit des affaires du Levant, d'appeller Phison la grande riviere d'Oxus, qui tombe dans le costé oriental de la mer Caspie, nonobstant que tous les écrivains Arabes l'appellent Gehon, persuadez que c'est le fleuve de ce nom qui sort du Paradis.

Haython, l'Oxus;

E iiij

plusieurs Rabbins, le Nil;

VI. D'ailleurs plusieurs Rabbins au grand collier, & mesme des plus anciens, avec les Arabes, & entre autres le Traducteur de l'Ecriture imprimé en Angleterre, ont ajugé au Nil le titre de Phison, pour les mesmes considerations qu'on l'a ajugé au Gange.

d'autres, le Phase;

VII. Ceux qui ont prétendu que c'estoit le Phase, si renommé par la conqueste de la Toison, n'ont pas esté en peine d'y trouver de l'or. Sa source n'est pas éloignée de celles du Tigre & de l'Euphrate. Ses eaux sont d'une bonté exquise. On trouve quelques perles dans les mers voisines, mais si rousses, que les habitans ne daignent pas les ramasser. Mais je ne vois pas où l'on y trouvera l'Onyx, ni aucunes autres pierres précieuses, ni le Bdellium : & je vois encore moins, comment de la Colchide on pourra faire le païs de Chavilah.

VIII. Cesaire, frere de saint Gregoire de Nazianze, & Severien Evesque de Gabales, n'ont point asseûrement pensé à toutes ces convenances, quand ils ont avancé que le Danube est le Phison. Car encore que quelques anciens Auteurs ayent mis le Danube au nombre des fleuves qui portent l'or & les pierreries, & que la Hongrie qu'il traverse, & la Boheme qui en est proche, puissent luy en avoir fourni, je ne pense pas qu'on y ait jamais trouvé ni perles, ni Bdellium, ni que l'Allemagne ait jamais prétendu à l'honneur d'estre Chavilah. Plusieurs savans personnages de l'antiquité, fort habiles gens d'ailleurs, ont esté fort ignorans dans la Geographie. Ce-

quelques-uns, le Danube;

Cæsar. Dialog. 1. & 3. Sever. Hom. 5. in Hexaëm.

faire que je viens de citer, veut que ce mesme Phison, qu'il croit estre le Danube, ne laisse pas d'estre aussi le Gange & l'Inde; & que ce fleuve aprés avoir parcouru l'Ethiopie & l'Elymaide qu'il s'imagine estre le païs de Chavilah, aille tomber dans l'Ocean vers Cadis.

quelques autres, le Naharmalca;

IX. Mais ceux qui ont crû que ce pouvoit estre le Naharmalca, l'un des canaux qui joignent l'Euphrate au Tigre, n'ont pensé ni à ces convenances, ni à la nature de ce canal, qui fut fait par Nabuchodonosor, & par cette raison fut appellé *Naharmalca* par les Chaldéens, & *Fleuve royal* par les Grecs, & qui par consequent n'estoit pas du temps de Moïse, & moins encore du temps d'Adam. Ils eussent mieux fait de prendre le parti de ceux, qui ont avoüé de bonne foy, qu'ils ne connoissoient point la situation de ce fleuve.

X. De tous ceux qui se sont trompez dans la recherche qu'ils en ont faite, les plus excusables, & les moins éloignez de la verité, ont esté ceux qui ont crû que le Phison est le canal oriental des deux qui font le partage du Tigre & de l'Euphrate, aprés qu'ils se sont joints prés d'Apamée, & avant qu'ils entrent dans la mer. Calvin, comme je l'ay déja remarqué, a esté le premier auteur de cette opinion. Scaliger l'a fort loüée, & s'y est attaché, & ensuite beaucoup d'autres. Ils ont pû trouver des perles, des pierreries, & de l'or sur les bords de ce canal ; mais assûrément ils n'y ont pas trouvé le païs de Chavilah.

& d'autres enfin, le canal oriental des deux en quoy se partagent le Tigre & l'Euphrate joints ensemble.

Calv. in Gen. 2. 8. Scalig. De emend. temp. lib. 5. & Epist. lib. 4. Epist. 441.

XI. Aprés avoir fait voir ce que le Phison n'est point, il reste

On fait voir que le Phison est

le canal occidental des deux en quoy se divisent le Tigre & l'Euphrate joints ensemble.

de faire voir ce qu'il est. J'ay déja dit que c'est le canal occidental des deux en quoy se divisent le Tigre & l'Euphrate joints ensemble. Pour en demeurer d'accord, il faut se souvenir que Moïse écrivit son Pentateuque dans l'Arabie Pierreuse; & que des quatre fleuves dont il a parlé, ce canal estoit le plus proche de luy. De sorte que l'ordre naturel vouloit qu'il le nommast le premier. Celuy qui se presentoit ensuite, estoit le canal oriental; & je montreray qu'en effet ce canal est le Gehon, qu'il a nommé le second. Ayant passé ce canal, & tournant à gauche pour revenir au lieu d'où l'on estoit parti, on rencontre le Tigre, & ensuite l'Euphrate: & c'est l'ordre que Moïse a suivi. Comme si je voulois faire le dénombrement des quatre plus grandes rivieres de France, moy eſtant à Paris, & qu'aprés avoir commencé par la Loire, je continuaſſe par la Garonne, l'ordre naturel voudroit que je paſſaſſe enſuite au Rhoſne, & que je vinſſe finir à la Seine cette eſpece de cercle. De plus il faut remarquer, que Moïſe a donné plus de marques pour reconnoiſtre le Phiſon, que pour aucun des autres; parce que celuy-là eſtant connu, on ne peut preſque plus ſe méprendre aux autres. Il a donc attaché quelques indices aux deux ſuivans, le Gehon, & le Tigre, & aucun à l'Euphrate, qui ne peut devenir douteux quand on a la connoiſſance des trois autres.

XII. L'origine du mot *Phiſon* contribuë encore à le diſtinguer. Car la pluſpart des Grammairiens Ebreux conviennent qu'il

L'origine du mot Phiſon ſert à le prouver.

vient du verbe פוש *pusch*, qui signifie *regorger, estre en abondance; s'augmenter, se multiplier*; ou de פשה *pascha*, qui signifie *se répandre* ; parce que, comme je l'ay déja dit, les marées sont si violentes & si hautes dans cette extremité du Golphe Persique, que nonobstant les digues, elles ne laissent pas d'entrer assez avant dans les terres, qui sont fort molles & fort basses. Ainsi toute cette coste est pleine de lacs, de marescages, & de sables, comme Strabon le remarque. Du temps de Moïse, lors que l'art n'avoit encore rien opposé à ces attaques, il est croyable que les débordemens estoient bien plus grands qu'ils ne sont maintenant. On ne pouvoit donc pas donner un nom plus convenable à ce canal si sujet aux inondations, que celuy de *Phison*, que

Strab. lib. 16.

Josephe a fort bien expliqué par le mot πληθὺς, c'est-à-dire *abondance*; & Scaliger encore mieux, par celuy de πλημμύρα, qui signifie *le debordement de la marée, le flux de la mer*. L'Auteur de l'Ecclesiastique a fait allusion à cette origine, lors qu'il dit de Dieu, *qu'il remplit tout de sagesse comme le Phison*. Je sçais qu'on allegue plusieurs autres etymologies de ce mot : mais celle que je propose est autorisée du suffrage des Grammairiens les plus estimez.

Joseph. Antiq. lib. 1. cap. 2.
Scalig. De emend. temp. lib. 5.
Eccli. 24. 35.

XIII. Schickard Professeur Alleman, homme singulier dans la connoissance des langues orientales, & des affaires du Levant, semble avoir entreveû la verité, lors qu'il a écrit dans son Commentaire sur le Tarich des Rois de Perse, qu'il est persuadé qu'il faut chercher le Phison dans l'Arabie, & que tous les

Plusieurs savans hommes ont eû quelque connoissance de ce que c'est que le Phison.

fleuves du Paradis tombent dans le Golphe Persique, par des embouchures assez proches les unes des autres. Steuchus en parle plus expressément encore, en disant que le Phison part de l'Euphrate & prend son cours vers les Arabes Chavilatéens. Il se trompe toutefois, en ce qu'il ne fait pas venir le Phison du Tigre & de l'Euphrate joints ensemble, mais de l'Euphrate avant sa jonction. Les Arabes ont donné droit au but, quand ils ont dit que le Phison estoit le canal de l'Euphrate qui passe prés de Bassora. Quelques-uns d'entre eux avoient donné ce nom au Nil, comme je l'ay déja marqué ; mais d'autres plus clairvoyans se sont détrompez & ont reconnu la verité. Il faut consulter sur cela Giggeius & Golius. Je ne sçais si c'est des Arabes, ou de sa propre

Steuch. Cosmop.

Gigg. Lexic. Arab.

erudition, qui estoit fort éten- | Tom. 3.
duë, que le Pere Kircher Jesui- | pag. 1056.
te a pris la carte Geographique | Gol. Lexic. Arab. pag.
qu'il a inserée dans la description | 1859.
qu'il a faite de la Tour de Babel. | Kirch.
Il represente dans cette carte le | Turr. Bab. lib. 1. cap.
cours des quatre fleuves, le Phi- | 5.
son, le Gehon, le Tigre, & l'Euphrate, & donne le nom de Phison au canal occidental, & le
nom de Gehon au canal oriental, qui partagent le Tigre &
l'Euphrate joints ensemble. M. | Boch.
Bochart, qui se reservoit à s'ex- | Hieroz.
pliquer plus nettement & plus | Part. 2. lib. 5. cap.
au long dans son Traité du Para- | 5.
dis terrestre, nous laisse deviner
son sentiment, lors qu'il dit en
passant, dans son livre Des animaux de la sainte Ecriture, que
le Phison est cette branche de | Teixeir.
l'Euphrate, que Teixeira, dans | Voyag. des
la Relation de son voyage des | Indes en Ital. chap.
Indes en Italie, dit qui se porte | 3.

dans le Golphe Perſique, du coſté du Catif, prés de Baharen. Le Catif eſt une ville ſur la coſte orientale de l'Arabie, qui a donné au Golphe Perſique le nom de mer d'Elcatif, qu'il porte aujourd'huy : & Baharen eſt une iſle du meſme Golphe, éloignée du Catif d'environ dix lieües, dont j'auray occaſion de parler dans la ſuite. M. Thevenot, dans les Relations de ſes voyages, décrit ce canal. Il dit qu'il paſſe entre la terre ferme de Baſſora, & l'iſle Chader, tirant droit au Midy; que le canal oriental porte le meſme nom que portent le Tigre & l'Euphrate joints enſemble, & s'appelle *Schat-el-Arab*, c'eſt-à-dire, *Riviere des Arabes*, & que ces deux bras forment la grande iſle Chader, à laquelle Teixeira donne plus de quatrevingt lieües de long. Je croy qu'il

Voyag. de M. Theven. Tom. 2. liv. 3. chap. 9. & 11.

a entendu des lieuës Espagnoles, qui en feroient prés de six-vingt des nostres. Le canal qui ferme cette isle du costé du Couchant, est apparemment celuy qu'Alexandre fit ouvrir dans un terrein pierreux & plus solide, que le canal naturel par où l'on navigeoit vers l'Arabie, qui n'en estoit pas éloigné de deux lieües. Ce dernier qui estoit celuy dont parle Moïse, se bouchoit aisément par le reflux de la mer ; son fond mou & aisé à remuer ne faisant pas grande résistance. C'estoit proprement celuy-là, qui s'appelloit Phison : mais parce que celuy d'Alexandre luy a succedé, & en estoit si proche, je luy ay conservé son nom, suivant l'usage ordinaire, qui ne change pas les noms des rivieres, quand on change leur cours, ou leur embouchure ; non plus que les noms des villes, quand on les fait changer de place.

Le Phison a depuis communiqué son nom à d'autres rivieres.

XIV. Le nom de Phison estoit particulier du temps de Moïse à ce canal occidental, qui tiroit vers l'Arabie : mais il se communiqua depuis au Tigre meslé avec l'Euphrate : & des noms du Phison & du Tigre joints ensemble, on fit celuy de Pasitigris, qui a depuis passé jusqu'au canal oriental. De sorte que les noms de Tigre, d'Euphrate, & de Pasitigre, furent donnez presque indifferemment à toutes les parties de l'Euphrate, qui sont entre sa jonction avec le Tigre, & la mer. Comme aujourd'huy le nom de *Schatel-Arab*, c'est-à-dire *Fleuve Arabique*, se donne presque à toutes ces mesmes parties. Et pour augmenter encore la confusion, les soldats d'Alexandre revenans du

Levant, donnerent au fleuve Oroatis, qui borne la Sufiane du cofté de l'Orient, le nom du Pafitigre, qui la borne du cofté de l'Occident. Soit qu'ils s'y méprifſent, ou qu'ils le fiſlent exprés, affectant de donner des noms illuſtres aux lieux où ils portoient leurs armes, pour augmenter la réputation de leurs victoires. Ainſi ils donnerent le nom de Caucafe à la montagne de Paropamife; & le nom de Tanaïs à la riviere d'Orexarte. Les Hiſtoriens venans enſuite à écrire les conqueſtes d'Alexandre fur les relations de ces foldats, & ne diſtinguant point le faux Pafitigre, je veux dire l'Oroatis, d'avec le veritable, c'eſt-à-dire le Tigre, ils ont fait des Pafitigres, non-feulement de ces deux rivieres, mais encore de l'Eulée, qui eſt le mefme que le Choafpe, selon quelques-uns; & qui selon d'autres ne fait que le recevoir dans son lit: & aprés luy avoir donné le nom de Pasitigre, ils luy ont donné celuy du Tigre mesme, & celuy de l'Euphrate.

CHAPITRE VIII.

Continuation de l'explication de l'onziéme Verset.

I. *Diverses opinions touchant la terre de Chavilah.* II. *On fait voir la veritable situation de la terre de Chavilah, que parcourt le Phison.*

Diverses opinions touchant la terre de Chavilah.

I. Verset 11. *C'est celuy qui tournoye dans toute la terre de Chavilah.* Les plus sures marques pour reconnoistre le Phison, sont celles que Moïse y a apposées, lors qu'il a dit qu'il arrose la terre de Chavilah; qu'on trouve dans cette terre de bon or, des perles, ou du Bdellium, & la pierre d'Onyx. Si je fais donc voir que ces marques conviennent uniquement au fleuve que je prétends eſtre le Phiſon, on ne pourra pas conteſter mon ſentiment. C'eſtoit par là que devoient commencer ceux qui ont recherché la ſituation de cette riviere, dont j'ay rapporté les differentes opinions. Car ſi aprés avoir découvert un païs de Chavilah, fecond en or, en perles, & en pierres précieuſes, ils y euſſent découvert un fleuve qui euſt eû quelque jonction avec le Gehon, le Tigre, & l'Euphrate, ils auroient raiſonné conſequemment, en concluant que ce fleuve devoit eſtre le Phiſon. Mais au lieu de cela, ils ont placé le Phiſon là où il leur a plû, & quaſi à l'avanture, & ils ont enſuite nommé Chavilah le païs qu'ils avoient choisi pour y mettre le Phison. Et comme les deux plus communes opinions, de celles que j'ay rapportées, sont que le Phison est le Gange, ou qu'il est le canal oriental des deux qui partagent le Tigre & l'Euphrate aprés leur jonction : aussi les deux plus communes opinions touchant Chavilah, sont que c'est la partie des Indes que parcourt le Gange, comme la pluspart des Peres l'ont crû ; ou que c'est la Susiane, qui est à l'Orient de ce canal. Josephe, suivi par saint Jerosme, & par plusieurs autres, a imaginé une autre Chavilah en Afrique, du costé du Couchant, & a donné ce nom à la Getulie, sans en apporter aucune raison. Je n'en vois point d'autre, que la conformité qui se trouve entre les mots de Chavilath & de Getulie,

Joseph. Antiq. lib. 1. cap. 7. Hieron. Quæst. Ebr. in Gen.

DU PARADIS TERRESTRE. 121
tulie, lors qu'on en transpose les lettres. Si cette preuve a lieu, il faut recevoir toutes les anagrammes, comme des argumens sans replique.

II. Pour trouver Chavilah, il falloit suivre les traces que les Ecrivains sacrez ont marquées. Dans le dixiéme chapitre de la Genese, où la dispersion des nations, qui se fit aprés la confusion de Babel, est tres-exactement décrite, & où les noms des Patriarches & des fondateurs des nations, qui sont presque tous les mesmes noms que ceux de ces nations, on trouve deux Chavilah; l'un, fils de Chus; & l'autre, fils de Jectan. M. Bochart qui a expliqué ce chapitre dans son Phaleg avec beaucoup d'érudition, montre que ce dernier Chavilah est fondateur de la nation qui habite le païs de Chau-

On fait voir la veritable situation de la terre de Chavilah, que parcourt le Phison. Gen. 10. 7. Gen. 10. 26. & seq. & 1. Par. 1. 23.

F

lan, situé sur la coste orientale du Golphe Arabique, à l'occident de l'Arabie Heureuse. Cette contrée n'a aucun rapport avec celle que nous cherchons: mais bien l'autre, qui a pris son nom de Chavilah fils de Chus, comme nous l'enseigne le mesme M. Bochart. Moïse & l'Auteur du livre de Samuel, indiquent bien nettement la situation de ce païs de Chavilah, lors que pour exprimer les deux extremitez de l'Arabie voisine de la Terre Sainte, ils nomment Chavilah & Sur. Sur estoit un desert à l'entrée d'Egypte, vers l'extremité du Golphe Arabique. Il falloit donc que Chavilah fust à l'autre costé de l'Arabie, vers l'extremité du Golphe Persique, c'est-à-dire, commençant à l'Occident de l'embouchure du canal que je pretens estre le Phi-

Boch.Phal. lib. 4. cap. 11.
Gen. 25. 18.
1. Sam. 15. 7.

son; & s'étendant vers le Midy, le long de la coste occidentale de ce Golphe, jusques vers le Catif. Et Josephe rapportant les mesmes faits, qui sont exposez dans ces endroits de Moïse & du livre de Samuel, & voulant marquer les mesmes bornes de cette distance, au lieu de Sur, met Peluse, la premiere ville qu'on rencontre en allant de la Palestine en Egypte, le long de la mer; & au lieu de Chavilah, il met la mer Rouge ou Erythréenne, désignant clairement par ces paroles la situation de Chavilah. Les habitans de ce païs n'ont pas esté inconnus aux Auteurs profanes. Ils les nomment Chavlothéens, Chablasiens, Chavlasiens, & Chaveléens, noms manifestement derivez de celuy de Chavilah, ou Chavilath (ainsi que ce nom s'écrit, quand il est en

Joseph. Antiq. lib. 6. cap. 8.

regime) & les placent entre les Nabathéens, & les Agréens, peuples Ismaëlites d'origine, habitans l'Arabie Deserte, assez prés de l'extremité du Golphe Persique. Plusieurs savans hommes modernes, Steuchus entre autres, Beroalde, Grotius, Hornius, & Bochart, ont reconnu cette situation de Chavilah, & ont bien veû que ces peuples que je viens de nommer, en ont pris le nom & la situation. Peut-estre Calathua, ville de l'Arabie Deserte, que Ptolomée place vers les mesmes lieux, a-t-elle icy quelque rapport.

Steuch. Cosmop.
Beroald. Chronic. lib. 2.
Grot. in Gen. 2. 11.
Horn. in Sulpit. Sever. lib. 1.
Boch. Phal. Præf. & lib. 4. cap. 11.

Chapitre IX.

Continuation de l'explication de l'onziéme Verset, & commencement de l'explication du douziéme.

Or d'Arabie, 11. & principalement de Chavilah.

CE n'est pas tout: il nous faut trouver icy de l'or, de bon or. Cela ne sera pas [di]fficile: car les Auteurs sacrez [&] profanes vantent fort l'or & [le]s richesses de l'Arabie. Diodo[re] écrit que l'on trouvoit dans [l'A]rabie de l'or naturel, d'une [co]uleur si vive, qu'elle ressem[b]oit à l'éclat du feu; & si pur [qu']il n'avoit point besoin de [fu]sion ni de raffinage pour estre [pu]rifié. Vers l'Occident de cette

Or d'Arabie,

Diodor. lib. 2. & 3.

contrée l'or estoit en si grande abondance dans le païs des Aliléens & des Cassanites, qu'ils l'estimoient moins que l'argent, que le cuivre, & que le fer. On peut juger des richesses des Sabéens, & des autres Arabes, par les presens que la Reine de Saba, & tous les Rois d'Arabie firent à Salomon, & par plusieurs autres témoignages de l'Ecriture; & par ce qu'a écrit Agatharchide, que les Sabéens avoient empli d'or la Syrie. Plusieurs peuples d'Arabie portoient le nom de Sabéens. Mais pour venir à Chavilah, qui estoit sur la coste occidentale & meridionale du Golphe Persique, on ne peut pas douter qu'Ezechiel ne parle de ceux qui estoient situez sur la mesme coste, lors qu'il dit à la ville de Tyr, que les marchands d'Arabie, de Dedan, & de Ce-

Ezech. 27. 20, & seq.

dar, luy fournissoient leurs denrées; que ceux de Saba & de Regma, y trafiquoient d'or, de pierres precieuses, & de toutes sortes d'aromates ; que Haran, Chene, & Eden; Saba, Assur, & Chelmad, luy vendoient toutes sortes de marchandises de prix. Toutes ces nations avoient beaucoup de communication entre elles par l'Euphrate, & par le Golphe Persique : & il faut remarquer en particulier que le Prophete joint Eden, region où estoit situé le Paradis, à Saba voisine de Chavilah. C'est encore à cette Saba, qu'il faut rapporter les paroles que David adresse à Jesus-Christ sous la personne de Salomon, dans le Pseaume prophetique soixante & douziéme: lors qu'il luy prédit que les rois de Saba luy apporteront des presens & de l'or

Psalm. 72. v. 10, 15.

de leur païs : prediction qui fut accomplie, quand les Mages venus d'Arabie, selon la plus commune opinion, presenterent à nostre Seigneur de l'or, de l'encens, & de la myrrhe. Rhegma, dont parle Ezechiel, estoit encore une ville d'Arabie, situèe sur le mesme Golphe, fertile en or & en pierreries.

II. L'Arabie estant donc si remplie de richesses, & principalement d'or, & d'un tres-bon or, on ne peut pas douter qu'elle n'en fist un grand commerce avec les provinces voisines, situèes le long de l'Euphrate, qui estoit alors le païs du monde le plus peuplé : & la province de Chavilah estant frontiere entre ces états, il falloit de necessité, qu'outre l'or de son cru, elle en eust encore beaucoup des provinces voisines dans ses maga-

Matth. 2, 1, 11.

& principalement de Chavilah.

DU PARADIS TERRESTRE. 129
zins, par les paſſages & les entrepoſts frequens des marchands.

CHAPITRE X.

Continuation de l'explication du douziéme Verſet.

I. *Diverſes opinions ſur la ſignification du mot Ebreu* בְּדֹלַח *Bedolach.* II. *Les deux plus probables ſont, celle qui veut que ce ſoit une Gomme aromatique, & celle qui veut que ce ſoient des Perles.* III. *La plus celebre peſche de perles, qui ſoit au monde, ſe fait prés de Chavilah.* IV. *On trouvoit auſſi beaucoup de Bdellium dans le meſme païs.*

I. LE mot Ebreu בְּדֹלַח *Bedolach*, que j'ay rendu par celuy de *Bdellium*, eſt traduit bien diverſement par les Interpretes. Les Septante veulent qu'il ſignifie icy l'Eſcarboucle, & dans l'onziéme chapitre des Nombres, le Cryſtal. Ils ſont ſuivis dans la premiere explica-

Diverſes opinions ſur la ſignification du mot Ebreu בְּדֹלַח *Bedolach.*

tion par la plufpart des Peres Grecs & Latins. Saint Jerofme aprés Jofephe, & les trois Interpretes Grecs, Aquila, Theodotion, & Symmaque, rendent ce mot par celuy de *Bdellium*, qui eft une gomme odoriferante, que quelques-uns croyent eftre l'Anime. Il s'en trouve qui penfent que ce foit l'Ebene, ou le Poivrier, ou le Giroflier. Le Traducteur Perfe veut que ce foit le Berylle. Les Traducteurs Arabes, & le Syriaque, quelques Rabbins, & Saadias Gaon à leur tefte, & un grand nombre de favans hommes à leur fuite, fouftiennent que ce font des Perles. D'autres Rabbins prétendent que ce foit le Cryftal; d'autres, le Diamant; d'autres, le Jafpe; d'autres, l'Emeraude; ou quelque autre pierre precieufe.

II. De toutes ces opinions, les

Jofeph. Antiq. lib. 3. cap. 1.

Les deux plus proba-

deux plus probables, & qui ont le plus partagé les savans, sont, celle qui explique *Bedolach*, une Gomme aromatique, & celle qui l'explique des Perles. Le passage du livre des Nombres, qu'on allegue pour preuve de cette derniere opinion, me paroist si décisif, que je ne vois pas qu'elle exception on luy peut opposer; car Moïse voulant décrire la Manne, dit qu'elle estoit semblable à la graine de coriandre, & de la couleur de Bedolach. Or il paroist par une autre description de la Manne, qui se trouve dans l'Exode, qu'elle estoit blanche, selon la version des Septante; ce qui convient aux Perles, aussi-bien que la rondeur de la Manne, & nullement au Bdellium. De là vient que les Talmudistes, comme l'a doctement observé M. Bochart, rapportant

bles opinions sont, celle qui veut que ce soit une Gomme aromatique, & celle qui veut que ce soient des Perles.
Num. 11. 7.

Exod. 16. 14.

Thalm. Ioma, cap. 8.
Boch.

F vj

Hieroz. Part. 2. lib. 5. cap. 5.

cette description de la Manne, qui est au livre des Nombres, au lieu de dire qu'elle estoit de la couleur du Bdellium, ont dit qu'elle estoit de la couleur des Perles. Je ne prendray point de parti dans cette querelle. Il me suffit pour mon dessein, de faire voir, que soit qu'on prenne l'Ebreu *Bedolach* pour des Perles, ou pour du Bdellium, l'un & l'autre convient à la terre de Chavilah.

La plus celebre pesche de Perles, qui soit au monde, se fait prés de Chavilah.

III. Car pour des perles, il est certain, qu'il n'y a point de lieu au monde, où l'on en pesche de si belles, ni en si grande quantité, que dans la mer qui est aux environs de Baharen, Isle du Golphe Persique, éloignée de dix lieuës du Catif; c'est-à-dire dans la mer qui bat les costes de Chavilah, & la où conduit l'embouchure du Phison. Je ne chargeray pas cét ouvrage d'une infinité de citations, pour faire voir en quelle quantité sont les perles du Golphe Persique, & en quelle estime elles sont chez les anciens Auteurs, & chez les modernes. J'ay écrit autrefois assez amplement sur cette matiere dans mes Observations sur Origene, & j'ay allegué le témoignage de l'Antiquité. Néantmoins de peur que le Lecteur ne croye que je luy demande credit, faute d'avoir de quoy le payer, j'en nommeray seulement quelques-uns, dont l'autorité doit faire foy. Nearque, l'un des capitaines d'Alexandre, qui conduisit sa flotte depuis les Indes, jusqu'au fonds du Golphe Persique, parle d'une isle de ce Golphe, fertile en perles de grand prix. Isidore de Charax, qui vescut peu aprés, dit la mesme cho-

Isid. Charac. apud

se. Pline aprés avoir vanté les Perles qu'on trouve dans les mers des Indes, dit que la principale loüange est duë à celles qu'on pesche vers l'Arabie, dans le Golphe Persique: & il désigne l'isle de Tylos en un autre endroit, pour le lieu de cette pesche, que plusieurs croyent estre celle de Baharen. Arrien auteur du Periple de la mer Rouge, préfere les perles d'Arabie à celles des Indes. Elien décrit assez exactement la maniere dont on les peschoit, & le cas qu'on en faisoit. Origene assûre que les perles des Indes surpassent toutes les autres en valeur, & qu'entre toutes les perles des Indes, celles de la mer Rouge ont la preference. Ces paroles font voir qu'il faisoit la mer de Perse une partie de celle des Indes. Pline en use de mesme. Et en effet on

Athen. lib. 3.
Plin. lib. 6. cap. 28. & lib. 9. cap. 35.

Ælian. De anim. lib. 10. cap 13. & lib. 15. cap. 8.
Orig. in Matth. 13. 45.

Plin. lib. 9. cap. 35.

DU PARADIS TERRESTRE. 135
divisoit toute cette grande mer qui environne la coste meridionale de l'Asie & de l'Afrique, en deux mers; celle des Indes, & celle d'Ethiopie : & la mer des Indes, là mesme où elle touche les Indes, s'appelloit aussi mer Rouge ou Erythréenne. On peut conclure de là, que les loüanges que les anciens ont données aux perles des Indes, pouvoient appartenir aux perles d'Arabie; mais qu'on ne pouvoit pas rendre commun avec les perles des Indes, ce qu'on a dit de celles d'Arabie : parce que ce qui appartient au tout, appartient à chaque partie à proportion : mais ce qui appartient à chaque partie, n'appartient pas au tout. Le Rabbin Benjamin Navarrois, qui vivoit il y a cinq cens cinquante ans, estant au Catif, s'instruisit de la pesche des perles qui s'y

fait tous les ans, & de la maniere dont elle s'y fait, & en a inseré le recit dans l'histoire de son voyage, qu'il nous a laissée. Teixeira Portugais, autre voyageur, a décrit cette pesche plus exactement encore. Il dit que les perles de cette mer sont plus belles & plus pesantes que celles des autres endroits, & qu'on en vend tous les ans dans l'isle d'Ormuz pour plus de cinq cens mille ducats. Ajoustez le témoignage des autres Voyageurs modernes, de Balby, de Linscot, de Vincent le Blanc, du celebre Tavernier, & de M. Thevenot, qui par ses voyages & ses écrits s'est montré si digne du nom qu'il porte. Outre la pesche de Baharen, il a encore décrit celle de Carek, autre isle du mesme Golphe, plus proche de l'embouchure du Phison. Plusieurs autres

Teix. hist. d'Ormuz, chap. 19.

Balby. Tom. 2. Ind. Orient. de Bry, Part. 7. chap. 15. Linscot chap. 5. Vincent le Blanc, Part. 1. chap. 10. Tavern. Tom. 1.

lieux de cette mer donnent des perles; & toute la coste d'Arabie, depuis Mascate jusqu'au Catif. Cette derniere place appartenoit à un Emir Arabe: le Bacha de Bassora s'en est rendu maistre. Baharen est au roy de Perse.

IV. Ceux qui souftiennent que Bedolach est le Bdellium, en trouvent aussi en Arabie. Le témoignage de Dioscoride y est exprés : & il prefere le Bdellium des Sarrasins à celuy des Indes. Isidore & Sylvaticus sont du mesme avis. Et Galien en comparant le Bdellium Arabique avec le Bdellium Scythique, c'est-à-dire avec le Bdellium des Indes (car une partie des Indes meridionales, est appellée Scythie & Indoscythie) attribuë au premier des avantages, qu'il ne donne pas au second. Pline estime plus le Bdellium de la Bactriane, que

liv. 2. chap. 9. liv. 4. chap. 2. Tom. 2. liv. 2. chap. 20. Theven. Tom. 2. liv. 3. chap. 11. & Tom. 3. chap. 11.

On trouvoit aussi beaucoup de Bdellium dans le mesme païs. Dioscor. lib. 1. cap. 81. Isidor. Etym. lib. 17. cap. 8. Sylvat. Pandect. in Bdellium. Galen. de Simplic. medic. fac. lib. 6.

Plin. lib. 12. cap. 9.

celuy de l'Arabie; mais il préfere celuy d'Arabie à tous les autres. Il fait naiftre cét arbre dans les fables du Golphe Perfique; que le flux de la mer couvre de fes marées: & je ne fçais fi ce ne feroit point celuy que Strabon defigne fans le nommer, fur le rapport de Nearque, lors qu'il dit qu'il naift dans les ifles qui font devant l'Euphrate, qu'il a une odeur d'encens, & que fes racines eftant rompuës rendent ce fuc odoriferant. Or de quelque lieu de l'Arabie qu'il vint, il falloit qu'on apportaft dans le païs de Chavilah tout celuy qui devoit eftre tranfporté dans les païs fituez le long du Tigre & de l'Euphrate, & dans le refte de l'Afie Septentrionale. C'eft ce qui a fait dire à Arrien, que dans la ville de Diridotis, qui eft la mefme que Teredon, dont on voit encore aujourd'huy les ruines vers l'embouchure du Phison, il se faisoit un grand debit d'aromates, & de toutes les drogues d'Arabie.

Chapitre XI.
Continuation de l'explication du douziéme Verset.

I. *Diverses opinions sur la signification du mot Ebreu* שהם *Schoham.* II. *L'Arabie estoit autrefois le païs du monde le plus abondant en pierreries.* III. *Les Anciens ont cru que l'Onyx ne se trouvoit que dans l'Arabie.*

I. J'Ay suivi la version Vulgate, en rendant le mot Ebreu שהם *Schoham*, par celuy d'Onyx; quoy que ce ne soit peut-estre pas la meilleure, & qu'il y eust autant de raison de le traduire par le mot de Berylle. On convient, que l'on ignore la veri-

Diverses opinions sur la signification du mot Ebreu שהם *Schoham.*

table signification des noms E-
breux des pierreries, & l'on a
remarqué que des douze pierres
qui estoient dans le Rational du
grand Prestre, il n'y a eu que le
Sapphir, & le Jaspe qui ayent
gardé leurs noms. Je dirois de
plus que l'on n'est pas mesme
tout-à-fait asseuré, que les pierres que les Ebreux appelloient
Sapphir & Jaspe, soient celles
qu'aujourd'huy nous appellons
ainsi. Car si les noms Grecs des
plantes ont esté sujets à tant d'é-
quivoques, les noms Ebreux des
pierreries l'ont sans doute esté
bien d'avantage. Le mot *Soham*,
dont il s'agit, en est un bel exemple. Les Septante, qui l'ont tra-

Job. 28. 16. duit icy *la pierre Prasine*, le tra-
Exod. 28. duisent ailleurs *Onyx* ; quelque-
9. & 35. 25. fois *Emeraude* ; tantost *Berylle* ;
& 39. 5.
Exod. 28. tantost *Sapphir* ; & tantost *la*
20. & 39. *pierre Sardienne*. Les trois au-
11.

tres Traducteurs Grecs, Aquila, Theodotion, & Symmaque, veulent que ce soit l'Onyx ; Philon, l'Emeraude, s'attachant en cét endroit aux Septante ; & Josephe, la Sardoine. Saint Jerosme en rapportant cette traduction de Josephe, dit qu'elle répond à celle d'Aquila, & mesme à l'Ebreu. D'où il s'ensuit que saint Jerosme a cru que l'Ebreu *Soham* signifie l'Onyx, & que l'Onyx & la Sardoine sont la mesme chose. Aussi l'ayant traduit icy *Onyx* dans la Vulgate, il l'a traduit *Sardonyx* dans le livre de Job. Saadias semble estre du mesme avis, en disant que c'est une pierre precieuse blanche & nette. Aben Ezra qui le cite, confesse là-dessus son ignorance. David de Pomis, & presque tous les faiseurs de Dictionnaires Ebraiques, sont aussi pour l'Onyx.

Ezech. 28. 13.
Exod. 35. 9.
Phil. De monarch. lib. 2.
Exod. 28. 9.
Joseph. Antiq. lib. 3. cap. 8, & 9. & De bell. Jud. lib. 6. cap. 15.
Hier. Epist. 128. ad Fabiolam, De veste sacerdotali.
Job. 28. 16.
Aben. Ezr. in Gen. 2. 12.

<small>Mof. Barc. cap. 21. & 28.
Arias Mont. in lib. Aaron.
Italic. verf. apud Hieron. Quæft. Eb. in Gen.
Eufeb. De locis Ebr.
Sever. Hom. 5. in Hexaëm.
Ambrof. de Parad. c. 3.
Auguftin. De Gen. ad liter. lib. 3. cap. 7.
Epiphan. de xi i. gemm.</small>

Mais les Paraphraftes Chaldéens, Onkelos, & Jonathan, l'Interprete Arabe & le Syrien, Moïfe Barcepha qui l'a fuivi, comme eftant Syrien luy-mefme, prennent Soham pour le Berylle. Arias Montanus voulant concilier ces opinions differentes, a avancé que le Berylle eft une efpece d'Onyx. L'ancienne verfion Italique, Eufebe, Severien, faint Ambroife, faint Auguftin, & plufieurs autres Peres de l'Eglife, fuivent icy les Septante, & traduifent comme eux *la pierre Prafine*. Et faint Epiphane a traduit le Berylle, comme le Paraphrafte Chaldéen.

<small>*L'Arabie eftoit autrefois le païs du monde le plus abondant en pierreries.*</small>

II. J'allegue cette diverfité d'opinions, pour faire voir qu'on ne peut rien dire de certain de la pierre Soham; & qu'ainfi il me doit fuffire de montrer combien l'Arabie a efté autrefois fertile en pierreries. Je dis autrefois, car aujourd'huy ce n'eſt plus cela, & le grand trafic s'en fait dans le Levant. Je mettray à la teſte de mes preuves le paſſage d'Eze- chiel, que j'ay déja cité : où ce Prophete dans la liſte des princi- pales marchandiſes qui venoient de Saba & de Rhegma, lieux de l'Arabie Heureuſe, ſituez ſur la coſte orientale, non loin de Cha- vilah, & dont les Arabes trafi- quoient avec les Tyriens, met les aromates les plus precieux, les pierreries, & l'or. Nearque, qui avoit navigé dans le Golphe Perſique, aſſuroit, comme rap- porte Strabon, qu'il y avoit plu- ſieurs iſles de ce Golphe, qui por- toient des pierreries d'un fort grand éclat. Le meſme Strabon dit que les richeſſes de l'Arabie, qui conſiſtoient en pierres pré- cieuſes & en excellens parfums,

Ezech. 27. 22.

Strab. lib. 16.

dont le negoce leur attiroit beaucoup d'or & d'argent, outre l'or naturel du païs, obligerent Auguste d'y envoyer Ælius Gallus, pour se concilier ces peuples, & profiter de leurs richesses, ou pour les subjuguer. Diodore s'étend fort sur les avantages de l'Arabie, & principalement sur ses pierreries. Il dit que cette region en fournit de toutes les sortes, qu'elles sont estimables par la varieté & l'éclat de leurs couleurs, & il en recherche les causes naturelles. Pline qui a donné tout son dernier livre à l'éclaircissement de cette matiere, & qui marque assez curieusement les païs des pierreries, fait venir d'Arabie celles qu'on estime le plus. Quoy qu'elles y soient plus rares maintenant qu'elles n'estoient alors; car les mines de pierres précieuses, aussi-bien que celles

Diodor. lib. 2.

celles des metaux s'épuisent à la longue, les Voyageurs, les Naturalistes, & les Lapidaires ne laissent pas d'y en trouver. Giulfal & Baharen en fournissent quelques-unes, & le continent d'Arabie beaucoup d'avantage.

III. Que si quelqu'un néanmoins veut restreindre à l'Onyx le passage de Moyse, il aura pour luy le témoignage de Pline qui dit que les Anciens estoient persuadez que l'Onyx ne se trouvoit point ailleurs que dans les montagnes d'Arabie.

Les Anciens ont cru que l'Onyx ne se trouvoit que dans l'Arabie. Plin. lib. 35. cap. 7.

CHAPITRE XII.
Explication du treiziéme Verset.

I. *Les deux plus communes opinions touchant le Gehon, sont, celle qui veut que ce soit le Nil; & celle qui veut que ce soit le canal occidental des deux qui partagent le Tigre & l'Euphrate joints ensemble.* II. *Fondemens de l'opinion qui veut que le Gehon soit le Nil.* III. *Du nom Ebreu* שיחור *Schichor, que Jeremie donne au Nil, & que les Septante ont rendu par celuy de* יאור. IV. *Pourquoy l'on a cru que le Nil & quelques autres rivieres venoient du Ciel.* V. *On a confondu l'Oxus avec le Nil.* VI. *Fondemens de l'opinion, qui veut que le Gehon soit le canal le plus occidental, des deux qui partagent le Tigre & l'Euphrate joints ensemble.* VII. *Le Gehon est le canal oriental des deux qui divisent l'assemblage de l'Euphrate & du Tigre.* VIII. *L'origine du mot Gehon sert à le prouver.* IX. *Pourquoy Moyse a moins apposé de marques au Gehon qu'au Phison, & pourquoy l'on a cru que le Nil sortoit de l'Euphrate.*

Les deux plus communes opinions tou-

I. Verset 13. *Et le nom du second fleuve est Gehon: c'est celuy qui tournoye dans toute la* terre de *Chus*. Le fleuve Gehon n'a pas moins partagé les sentimens que le Phison. Il a passé chez les uns pour le Gange; chez les autres, & particulierement chez les Arabes pour l'Oxus. On l'a pris pour l'Araxe; pour le Naharmalca, qui est un des canaux faits à la main, qui joignent l'Euphrate au Tigre; pour le Naharsarés, qui est le plus occidental de ces canaux: & pour le torrent du mesme nom de Gehon qui est proche de Jerusalem. Je passe d'autres opinions encore, pour venir aux deux qui ont le plus de partisans; je veux dire, celle qui soustient que Gehon est le Nil, & celle qui soustient que c'est le canal le plus occidental des deux qui partagent le Tigre & l'Euphrate joints ensemble, que j'ay montré estre le Phison.

chant le Gehon, sont, celle qui veut que ce soit le Nil, & celle qui veut que ce soit le canal occidental des deux qui partagent le Tigre & l'Euphrate joints ensemble.

II. La premiere de ces opinions qui veut que Gehon soit le Nil, est celle de Josephe, de la plufpart des Peres de l'Eglife, & d'une infinité d'Interpretes de la fainte Ecriture. Les Abyssins mefme s'en flattent, & ne connoissent aujourd'huy le Nil, que fous le nom de Gichon, par une erreur femblable à celle qui leur a fait dire que la Reine de Saba avoit regné dans leur païs; & que leurs Rois font fortis de Salomon & d'elle ; & que Memnon estoit leur compatriote. Cette opinion s'est établie premierement fur le paffage de l'Ecclefiastique, que j'ay rapporté cy-deffus; où dans le dénombrement des cinq fleuves, le Phifon, le Tigre, l'Euphrate, le Jourdain, & le Gehon, comme on a cru que l'Auteur l'ayant commencé par l'Orient, il falloit que le

Fondemens de l'opinion qui veut que le Gehon foit le Nil.
Joseph. Antiq. lib. 1. cap. 2.

Eccli. 24. 35. & feq.

Phison fust le Gange; on a cru aussi qu'il l'avoit fini par l'Occident, & partant que le Gehon estoit le Nil. On s'est persuadé de plus que c'estoit le sentiment des Septante, parce que dans le second chapitre de Jeremie ils ont rendu le mot Ebreu שִׁיחוֹר *Schichor*, par celuy de γηῶν.

Jerem. 2. 18.

III. Ce passage merite quelque consideration. Dieu reproche aux Israëlites qu'ils ont oublié la confiance qu'ils luy doivent, pour chercher l'appuy des Egyptiens & des Assyriens. *Que prétendez-vous*, leur dit Dieu, *prenant le chemin d'Egypte, pour aller boire l'eau du Nil?* Les Septante ont traduit, ὕδωρ γηῶν, *l'eau de Gehon*: & saint Jerosme, *l'eau trouble. Schichor* ne signifie point proprement *trouble*: il signifie *noir*; & on a donné ce nom au Nil, parce que ses eaux

Du nom Ebreu שִׁיחוֹר *Schichor, que Jeremie donne au Nil, & que les Septante ont rendu par celuy de* γηῶν.

Hier. in Jerem. 2. 18. & Epist. 27. cap. 6.

G iij

font noires. Les Egyptiens pour cette raison le peignoient de couleur noire, sous la personne d'O-siris, & les Grecs l'appelloient Μέλας, *noir*; & les Latins *Melo*; d'où quelques-uns veulent que se soit formé le mot *Nilus*. Ils se trompent. Ce nom vient de celuy de *Nuchul*, que luy donnoient ceux qui habitoient sur ses bords, comme nous l'enseigne le geographe Æthicus. *Nuchul* est la mesme chose que l'Ebreu נחל *Nachal*, qui signifie *torrent*, comme l'appellent souvent les Auteurs sacrez, à cause de ses inondations ordinaires, causées par les pluyes. Comme de *Nachal*, ou *Nuchul* s'est formé *Nilus*; ainsi de *Schichor* s'est formé *Siris* & *Sirius* qui sont les noms du Nil : & le dernier s'est communiqué à la Canicule, parce que le débordement du Nil com-

DU PARADIS TERRESTRE. 151
mence dans les jours Caniculaires. Cependant comme l'eau de ce fleuve n'est noire, que parce qu'elle est pleine de la bourbe d'Egypte, dont le terroir est noir, ce qui luy a fait donner l'epithete de μελάμβωρος, la version de saint Jerosme, qui traduit *trouble*, peut subsister, en prenant l'effet pour la cause. Peut-estre les Septante dans la mesme veuë, avoient-ils écrit, ὕδωρ γήϊον, *l'eau terreuse, l'eau bourbeuse* ; ce qui depuis a degeneré en γαῖον. Je ne l'assure pas néanmoins, puisque quelques anciens interpretes de la version des Septante, & les Peres de l'Eglise, qui citent ce passage, lisent constamment γεών.

IV. Depuis que le Nil a passé pour le Gehon, les Egyptiens, nation fort superstitieuse, & mesme les Gymnosophistes, Philosophes de grande réputation,

Pourquoy l'on a crû que le Nil, & quelques autres rivieres venoient du Ciel.

G iiij

n'ont mis aucunes bornes au culte qu'ils luy ont rendu. Non seulement ils ont estimé que sa source estoit sacrée ; non seulement ils l'ont adoré & invoqué, comme le plus grand des Dieux, sous le nom d'Osiris, nom derivé, comme j'ay dit, de celuy de *Schichor;* sous le nom d'Orus, & sous celuy de Jupiter ; non seulement ils ont institué en son honneur la plus grande de leurs festes, & luy ont consacré des Prestres : mais ils ont encore dit qu'il estoit descendu du Ciel. Les Turcs, & les Juifs, sans beaucoup raffiner, les en ont crus bonnement sur leur parole, & se sont laissé persuader que cette eau estoit sainte ; d'autant plus facilement, que la source leur en estoit inconnuë. Homere qui avoit voyagé & étudié en Egypte, y avoit pris cette doctrine ; car il

Homer.
Odyss. δ'.

appelle le Nil διιπετής, c'est-à-dire *venu de Jupiter*. Et cela est vray en un sens, comme Strabon & Eustathius l'ont remarqué, car son debordement n'est causé que par les pluyes, dont les Poëtes ont dit que Jupiter est le dispensateur : ce que les Anciens n'ont pas ignoré. De sorte que le διιπετής d'Homere signifie proprement en ce sens, *tombé des nuës*. C'est apparemment en veuë de cette epithete d'Homere, & pour designer le Nil, que Plaute parlant d'un fleuve qu'il ne nommé point, a dit qu'il a sa source dans le ciel, sous le thrône de Jupiter. Les Ethiopiens n'ont pas laissé de nommer le Nil *Astapus*, ce qui signifie en leur langue, *Eau sortie des tenebres* ; mais par une autre raison, ou parce qu'ils ignorent le lieu de sa source, ou parce qu'il se plongeoit

Strab. lib. 1.
Eustath. in Hom. Odyss. δ'.

Plaut. Trin. Act. 4. sc. 2.

G v

fous la terre en quelques endroits. Quoy que les Egyptiens, en difant que le Nil venoit du ciel, puiſſent bien avoir parlé en Phyſiciens pour exprimer ſa nature, ils ont auſſi parlé en Theologiens, voulant dire que le Nil venoit du Paradis qui eſt dans le ciel, & ne diſtinguant pas celuy-là de celuy de la terre. Les Brachmanes en diſent autant du Gange, & ils l'appellent *Riviere celeſte*, comme on a appellé le Nil, *Riviere venuë de Jupiter*: & les Mahometans pour la meſme raiſon attribuent la meſme origine à l'Oxus, qu'ils appellent Gehon, au Tigre, & à l'Euphrate. Ils l'attribuent auſſi au Jaxarte, qu'ils appellent Sichon : dont je ne vois point d'autre raiſon, que la proximité de ces fleuves & de leurs branches, qui ont fait croire à ces peuples, qu'ils partoient d'une mesme source, & partant que l'un ne pouvoit venir du ciel, sans que l'autre en vint aussi. Peut-estre ont-ils confondu ce Sichon avec un autre fleuve du mesme nom, qui est en Cilicie. C'est celuy que les anciens geographes Grecs appellent Cydnus. Un autre fleuve de la mesme province, nommé Gehon, a contribué à leur erreur. C'est le Pyramus des Anciens. Il passe par la ville d'Adana, dont j'ay parlé cy-devant. Le nom d'Adana est le mesme que celuy d'Eden. Il n'en a pas fallu d'avantage pour persuader à cette nation, que cét Eden estoit le lieu où estoit situé le Paradis, & que ces fleuves en venoient. Abulfeda Geographe Arabe a cru faussement que ces deux rivieres se joignoient prés d'Adana & entroient conjointement dans la mer. D'ailleurs ils avoient ouï parler d'une autre riviere de la mesme province, nommée Paradis. Pline l'a marquée, & quelques autres encore. Toutes ces idées confuses, jointes à la grossiereté des Mahometans, leur ont fait dire que la riviere de Sichon venoit du ciel.

On a confondu l'Oxus avec le Nil.

V. L'ignorance de la verité, n'a pas seulement rendu commun le nom de Gehon entre le Nil & l'Oxus, mais elle a encore rendu commune entre ces fleuves une des plus memorables avantures qui soient arrivées sur le Nil, je veux dire celle de Moyse, lors qu'il y fut exposé. Teixeira en rapporte une pareille de Darab, roy de Perse. Il dit que la reine sa mere fut forcée de l'exposer dans un berceau sur l'Oxus; qu'il en fut retiré par un homme, qui surpris de sa beauté, & touché de son infortune, le fit nourrir par sa femme, & qu'il parvint enfin à la royauté par son merite.

VI. Je viens à l'autre opinion, qui approche plus prés de la verité, prenant pour le Gehon le canal le plus occidental des deux, que font le Tigre & l'Euphrate joints ensemble, lors qu'ils se separent pour entrer dans la mer. C'est le sentiment des Docteurs de Louvain, de Scaliger, & de la plufpart des Interpretes modernes, qui tous en cela ont suivi Calvin. Leur principale raison est la mesme qu'ils ont euë de prendre le canal oriental pour le Phison. Car ayant posé cela, c'estoit une consequence de leur systeme, de dire que le Gehon estoit le canal occidental. Ils ont eû encore une autre raison particuliere, en prenant la province

Fondemens de l'opinion qui veut que le Gehon soit le canal le plus occidental, des deux qui partagent le Tigre & l'Euphrate joints ensemble. Lovan. in Gen. 2. 13. Scalig. De emend. temp. lib. 5.

de Chus que ce fleuve arrose, pour l'Arabie, & n'en connoissant point d'autre de ce nom, que l'Arabie & l'Ethiopie. En quoy je feray voir combien ils se sont abusez, ce qui suffiroit pour renverser leur opinion.

Le Gehon est le canal oriental des deux qui divisent l'assemblage de l'Euphrate & du Tigre.

VII. Mais c'en est un moyen bien plus seur, de montrer que le Gehon est le canal oriental des deux qui divisent l'assemblage de l'Euphrate & du Tigre. Or comme du systeme de ceux qui prennent le Phison pour le canal oriental, il s'ensuit que le Gehon est l'occidental ; il s'ensuit aussi du nostre qui pose le Phison pour le canal occidental, & Chavilah que le Phison arrose, pour la premiere province que l'on trouve à l'occident de l'embouchure de l'Euphrate ; il s'ensuit, dis-je, de ce systeme que le Gehon est le canal oriental, &

que la province de Chus que le Gehon parcourt, est la premiere province que l'on trouve à l'Orient de l'embouchure de l'Euphrate.

VIII. Ce canal partant de l'Euphrate, comme le Phison, & tombant dans la mesme mer, est sujet aux mesmes accroissemens, & aux mesmes debordemens, mais non toutefois si grands, parce que ses rives ne sont pas si basses. Ces debordemens luy ont fait donner le nom de Gehon, ou, comme l'écrivent & le prononcent les Ebreux, Gichon; du verbe גוח *guach*, qui signifie *s'écouler*. Ce petit courant d'eau, qui estoit proche de Jerusalem, a eu le mesme nom pour la mesme cause, parce qu'il arrosoit les Jardins voisins. On l'appelloit autrement Siloë, שלוח. L'Evangile expose ce mot par celuy

L'origine du mot Gehon sert à le prouver.

Joh. 9. 7.

d'ἀπεςαλμένος, שלוח Schaluach, c'est-à-dire, *envoyé, échappé, détourné, conduit* pour arroser les terres. De là vient que lorsque le Paraphraste Jonathan a trouvé le mot *Gehon* dans le texte Ebreu du premier livre des Rois, il l'a traduit par le mot *Siloa*. Je ne m'amuseray point à rapporter toutes les autres étymologies de ce mot, que les Peres, les Interpretes, & les Rabbins ont imaginées. Je m'arresteray seulement à celle que propose Josephe. Il explique Gehon, τὸν ἀπὸ τῆς ἀναϐολῆς ἀναδιδόμενον, *qui est produit, qui s'écoule de l'Orient.* Il ajouste que c'est le Nil, suivant l'erreur des Anciens, qui confondoient les Indes & l'Ethiopie, & les croyoient ainsi que la source du Nil, à l'Orient d'Egypte. Il a fait voir en cét endroit, comme en beaucoup

Reg. 1.

Joseph. Antiq. lib. cap. 2.

d'autres, que pour eftre Juif, il n'en eftoit pas plus favant en Ebreu. Car il dérive le mot γεών, du verbe נגה nagah, qui fignifie *luire, éclatter;* d'où vient נגה *Nogah, Lucifer, l'étoile du matin;* & נגהי *noghi, la lumiere du jour;* & גיה *giah, l'éclat, la fplendeur;* & le Syriaque מגהא *magaha, l'Aurore, le matin.* Et de גיה *giah* Jofephe a cru que fe formoit le mot גיחון *Gihon,* ne fachant pas que le mot Ebreu eft גיחון *gichon,* & non pas גיחון *gihon;* ou s'il le favoit, ne fachant pas que גיחון *gichon* a une origine plus naturelle & moins forcée. Quoy qu'il en foit, fi cette origine a lieu, elle confirmera mon opinion, & marquera la fituation de ce canal du cofté du Levant, à l'égard du Phifon qui eft du cofté du Ponant.

IX. J'ay déja dit que Moyfe *Pourquoy Moyfe à*

moins appo-sé de marques au Gehon qu'au Phison: & pourquoy l'on a cru que le Nil sortoit de l'Euphrate.

a moins apposé de marques au Gehon qu'au Phison, parce que ce dernier estant connu, la situation des autres suffiroit seule pour les faire connoistre. Car le Phison se rencontrant le premier à l'égard de l'Arabie Pierreuse, où Moyse écrivoit, le second qui estoit le Gehon, ne pouvoit estre autre que celuy qu'on trouvoit ensuite, savoir le canal oriental des deux qui divisent l'Euphrate : car de l'aller chercher plus loin, c'eust esté contrevenir aux paroles de Moyse, qui marquent expressément que ce fleuve estoit joint aux trois autres dans le Paradis. On en estoit si bien persuadé, que rien, à mon avis, n'a plus contribué à faire croire que le Nil sortoit de l'Euphrate, comme Pausanias & Philostrate nous assurent qu'on le croyoit, que l'opinion où l'on es-

Pausan. Corinth. Philostr. vit. Apoll.

toit que le Gehon eſtoit le Nil; & que d'ailleurs il paſſoit pour conſtant, que le Gehon eſtoit un bras de l'Euphrate. Peut-eſtre le Gehon auroit-il eſté plus reconnoiſſable par les veſtiges de ſon nom, ſi la poſterité les avoit conſervées : mais il eſt demeuré obſcurci ſous les noms de Phiſon & de Paſitigre, qui ſe ſont étendus, & l'ont enveloppé, comme je l'ay montré.

lib. 1. cap. 14.

CHAPITRE XIII.

Continuation de l'explication du treiziéme Verset.

I. *Le nom de* Chus *se donne à l'Ethiopie, à l'Arabie, & à la Susiane. Il s'agit icy de la derniere,* II. *qui est nommée* Cutha *dans l'Ecriture, & aujourd'huy* Chuzestan. III. *On trouve des traces du nom de* Chus *dans les noms des* Cosséens, *& des* Cissiens *peuples de la Susiane.* IV. *Pourquoy l'on a dit que* Memnon *estoit Ethiopien.* V. *De la Statuë de* Memnon *qu'on dit qui parloit, quand elle estoit éclairée du Soleil levant.* VI. *Verité de l'histoire de* Memnon, VII *confirmée par le témoignage de quelques Anciens.*

Le nom de Chus se donne à l'Ethiopie, à l'Arabie, & à la Susiane. Il s'agit icy de la derniere.

I. Verset 13. *C'est celuy qui tournoye dans toute la terre de* Chus. Voilà la principale marque que Moyse nous ait donnée pour reconnoistre le Gehon: mais cette marque estant univoque, elle nous tient lieu de mille autres. Pour le faire voir, il faut expliquer ce que c'est que *Chus*.

Je trouve trois provinces de ce nom, l'Ethiopie, l'Arabie, & la Sufiane. Ces deux premieres ont partagé le nom de *Chus*, qui eſt un mot general, qui comprend les païs qui ſont des deux coſtez du Golphe Arabique, qu'on appelle ordinairement La mer Rouge. M. Bochart dans ſon Phaleg a prétendu que l'Ethiopie n'eſt nommée *Chus* en aucun lieu de l'Ecriture : mais je crois avoir prouvé inconteſtablement le contraire dans mes Obſervations ſur Origene. Cette region de Chus ou d'Ethiopie eſtoit donc partagée en deux liſieres, le long des deux coſtez du Golphe Arabique, & meſme au-delà de ſon embouchure, nommée aujourd'huy Babelmandel : la liſiere orientale, qui faiſoit une partie de la grande peninſule de l'Arabie ; l'occidentale, qui eſt

Boch. Phal. lib. 4. cap. 2.

entre ce Golphe & le Nil. Homere, Herodote, & quelques autres, ont partagé de cette forte les Ethiopiens habitans de cette contrée & voisins d'Egypte, en orientaux & occidentaux ; & Eustathius nous apprend que les Anciens ont ainsi entendu les paroles d'Homere. De là vient que les Homerites, peuples de l'Arabie, situez sur la coste meridionale, sont appellez Ethiopiens par le geographe Stephanus. Et Holstenius, tout habile qu'il estoit, faute d'avoir sçeu cela, s'est mépris bien grossierement, en changeant les paroles de Stephanus, & mettant ἀράβων, au lieu d'αἰθιόπων : selon la loüable coûtume des Critiques, d'alterer dans les ouvrages des Anciens tout ce qu'ils n'entendent pas. La partie de la province de Chus, qui est du costé de l'Arabie, ne

Homer. Odyss. α'. Herod. Polymn. cap. 69, 70.

Steph. in Ὁμηρίται.

DU PARADIS TERRESTRE. 167
s'éloignoit pas beaucoup du Golphe, & de la mer qui eſt au-delà de l'embouchure du Golphe, & eſtoit veritablement une liſiere; & ce ſeroit temerairement qu'on voudroit l'étendre juſqu'au coſté oriental de l'Arabie, & à l'embouchure occidentale de l'Euphrate, pour donner quelque couleur à l'opinion qui prend cette embouchure pour le Gehon. On n'a jamais étendu juſques-là les bornes de la Chus Arabique, & c'eſt une preuve déciſive contre cette opinion qu'on a euë du Gehon: comme au contraire ſi je prouve que la Suſiane a porté ce nom, & le porte encore aujourd'huy, ce ſera une preuve invincible que le Gehon eſt l'embouchure orientale de l'Euphrate.

II. Toutes les relations des Voyageurs nous apprennent que

qui eſt nommée Cutha *dans l'Ecri*

la Susiane s'appelle aujourd'huy *Chuzestan*, nom composé de celuy de *Chus* & de la terminaison Persique. Benjamin Navarrois dit que la grande province d'Elam, dont Suse est la Capitale, & que le Tigre arrose, s'appelle ainsi. Cette province d'Elam est l'Elymaïde, qui s'étend jusques sur la coste du Golphe Persique, à l'Orient de l'embouchure de l'Euphrate. Le Geographe de Nubie & d'autres Arabes l'appellent *Churestan* : mais la faute est venuë apparemment des copistes, qui n'ont pas distingué la lettre *r* & la lettre *z* des Arabes, qui ne different que d'un point. Les habitans du païs l'appellent mesme simplement *Chus*, si nous en croyons Marius Niger. Cette mesme region s'appelle *Cutha*, dans le livre des Rois, selon la diversité des dialectes:

cure, & aujourd'huy Chuzestan.

Mar. Nig. Comm. 5. 4. Reg. 17. 24.

& c'est de là en partie, que Salmanafar transporta une colonie, qui alla occuper la place des habitans de Samarie, & des dix Tribus, qu'il avoit fait passer ailleurs. Cette nouvelle peuplade, connuë dans la suite sous le nom de Samaritains, retint aussi le nom de son origine, & fut appellée Les Cuthéens. Scaliger, avec tout son grand savoir, s'est bien lourdement trompé, quand il a dit que les Samaritains ont esté nommez Cuthéens d'une ville de la Colchide, nommée Cytæa, où Salmanafar transporta les dix Tribus. Les Samaritains furent nommez Cuthéens, de la province de Cutha, d'où ils venoient; & les dix Tribus ne furent point transportées dans la Colchide, mais dans l'Assyrie: & quand elles auroient esté transportées dans la Colchide, il est

Scalig. in Propert. lib. 1. Eleg. 1.

H

ridicule de penser que les Samaritains ayent pris leur dénomination d'une ville d'où ils ne vinrent point, & où ils ne demeurerent point ; mais seulement parce que les dix Tribus, dont ils prirent la place, y demeurerent. Je ne sçais pas où Josephe a trouvé ce fleuve Cuthus, qu'il dit estre l'origine du nom *Cutha*, qui a esté donné à cette province de Perse. Le mot *Cutha*, ou *Cuth* s'est formé de celuy de *Chus*, dont les Chaldéens changent souvent la derniere lettre en *t* ou *th*, en luy donnant un son plus dur & moins sifflant, comme Dion l'a remarqué. Ainsi ils ont dit *Thor* pour *Sor* ; *Atyrie*, pour *Assyrie*. Il ne faut pas croire cependant ce que quelques-uns ont pensé, que le nom de la ville de Suse, qui estoit la capitale de ce païs, vienne de Chus. Elle a tiré

[marginalia:]
Joseph. Antiq. lib. 9. cap. 14.

Dion. Xiphil. Trajan.

son nom des lys, que son terroir porte en abondance; & le lys s'appelle שׁוּשָׁן *Susan* en langue Ebraique. Les Grecs n'ont pas ignoré cette origine, & plusieurs d'entre eux l'ont marquée.

III. On trouve encore beaucoup d'autres traces du mot de *Chus* dans la Susiane. On y trouve les Cosséens, voisins des Uxiens, selon la position de Pline, de Ptolomée, & d'Arrien. Schickard s'est abusé, quand il a cru que ces Cosséens avoient donné le nom à la province de Chuzestan. Le nom de *Chuzestan*, & celuy des *Cosséens* viennent d'une mesme source, à savoir de *Chus*, & non pas l'un de l'autre. Le nom de la Cissie & des Cissiens en vient aussi. C'estoit une petite province de la Susiane, qui a donné son nom à tous les Susiens. Le Poëte Eschyle parle aussi d'u-

On trouve des traces du nom de Chus, *dans les noms des Cosséens & des Cissiens, peuples de la Susiane.* Plin. l. 6. cap. 27. Ptolem. lib. 6. cap. 3. Tabul. 5. Asiæ. Arrian. Expedit. Alex. lib. 7. Schickard. in Tarich. reg. Pers. Æschyl. Pers. &

H ij

ne ville de ce nom située dans le mesme païs. Et ce qui est remarquable, il la distingue par son antiquité. Il appelle aussi Cissienne la mere de Memnon, c'est-à-dire, l'Aurore. Memnon estoit fils de Tithon & de l'Aurore. Tithon estoit frere de Priam roy de Troye; & on luy a attribué la fondation de la ville de Suse, capitale de la Susiane. Du nom de Memnon son fils, la citadelle a esté nommée Memnonium; le palais & les murs, Memnoniens; & Suse mesme, la ville de Memnon, pour la veneration qu'on y avoit pour luy. C'est ce Memnon qui vint au secours des Troyens, dont il tiroit son origine, & qui fut tué par Achille. Quand les Grecs ont feint qu'il estoit fils de l'Aurore, ils ont voulu faire entendre qu'il venoit de l'Orient : suivant une ex-

Choëph. & apud Strab. lib. 5.

preſſion ordinaire de la langue Ebraique, & familiere aux Prophetes, qui appellent les Orientaux, *fils de l'Orient.* Car ces païs que parcouroit l'Euphrate vers ſon embouchure s'appelloient proprement l'Orient. Pluſieurs Interpretes prétendent que c'eſt dans ce meſme ſens qu'Iſaie a appellé Nabuchodonoſor, ou Balthaſar, *Lucifer, fils de l'Aurore.*

Luc. 14. 12.

IV. Je ſçais bien que la pluſpart des Auteurs anciens ont dit que Memnon eſtoit Ethiopien. Leur erreur eſt une ſuite de celle qui a fait confondre le Chus qui ſignifie la Suſiane, avec le Chus qui ſignifie les païs ſituez ſur les bords du Golphe Arabique, je veux dire l'Ethiopie & l'Arabie; & le Gehon avec le Nil. C'eſt ainſi qu'une erreur en attire une autre, & que quand on a quitté

Pourquoy l'on a dit que Memnon eſtoit Ethiopien.

le droit chemin, tous les pas qu'on fait font des égaremens. Les Egyptiens & les Ethiopiens n'eurent pas de peine à adopter ce Heros, & crurent qu'il leur feroit honorable d'avoir pour compatriote un perfonnage fi illuftre. Mais n'en trouvant rien dans leurs archives, ni dans leurs hiftoires, ils attribuerent fa perfonne, fon nom, & fes actions à celuy de leurs rois, dont la vie avoit plus de rapport avec la fienne. Amenophis leur fembla propre à joüer ce perfonnage, quoy que bien plus ancien que la guerre de Troye. Il avoit fait la guerre dans l'Afie, il avoit efté en Phrygie, & avoit demeuré à Sufe. Cette convenance, & quelque rapport entre les noms de Memnon, & d'Amenophis, leur parut un fondement fuffifant pour pouvoir dire qu'ils eftoient le mesme. Ils luy bastirent des temples en divers lieux, & principalement dans la grande ville de Thebes; ils luy firent des sacrifices, & luy rendirent des honneurs divins. Ils montroient dans cette ville & dans d'autres endroits, des palais qu'ils nommoient Memnoniens, comme on en montroit à Suse. Et ce fut là qu'ils luy erigerent cette merveilleuse statuë, qui rendoit un son guay & éclattant, quand elle estoit frappée des rayons du Soleil levant; & qui sembloit se plaindre & répandre des larmes, quand la nuit approchoit. Plusieurs ont cru qu'elle avoit esté faite en l'honneur d'Amenophis ou de Sesostris. Le Rabbin Benjamin rapporte une chose dans la Relation de son voyage, qui me détermine à croire que les Ethiopiens firent cette statuë à l'imitation des Sufiens. Il dit qu'il partit du Catif, & vint en sept jours à Haoula. Quelques savans hommes tiennent qu'Haoula est l'isle de Ceilan, contre toute apparence, puisqu'il n'auroit pû faire ce chemin en sept jours. Il ajoûte qu'elle est située à l'entrée de ce païs, où les descendans de Chus adorent le Soleil; qu'ils ont sur leurs autels des cercles, ou des globes semblables à celuy du Soleil, & qu'au lever de cét astre ces globes se tournent avec grand bruit. Je juge par ce recit, que ces peuples estoient des Sufiens, ou de leurs descendans, & qu'ils avoient appris d'eux l'art de dresser de ces images solaires, qui estoient des especes de Talismans, que quelques-uns se sont persuadé estre ce que l'Ecriture appelle חמנים *Chammanim*: & on ne peut pas douter que celle de Memnon ne fuſt de ce genre.

V. Perſonne n'ignore en qu'elle veneration le Soleil a eſté parmi les Perſes, les Aſſyriens, les Babyloniens, & particulierement les Sabiens, dont j'ay parlé ailleurs. Ce peuple avoit couſtume de forger des ſtatuës à l'honneur du Soleil, & des autres Planetes. Ils croyoient que les Aſtres leur communiquoient par leurs influences la faculté d'entendre, de parler, & de faire connoiſtre l'avenir aux hommes. Leur nom de *Sabiens* ſignifie en Arabe *Orientaux*. Cela ſe prouve de ce que leur livre de l'Agriculture, que les Rabbins citent ſous le nom de *Livre oriental*, eſtoit intitulé העבודה הנבטיה *Hahaboda Hannabathiia*, *l'Agriculture Nabatheenne*, c'eſt à dire Orientale, témoin ce vers d'Ovide,

De la ſtatuë de Memmon, qu'on dit qui parloit, quand elle eſtoit éclairée du Soleil levant.

Eurus ad Auroram; Nabathæaque regna recessit.

Les Sabiens s'appelloient Orientaux, parce que tout ce païs qui est entre le Golphe Persique & la Judée, s'appelloit l'Orient, comme je l'ay déja dit. Ils habitoient au commencement dans la Chaldée, & leurs livres portent qu'Abraham Chaldéen d'origine, fut persecuté par un de leurs rois, pour s'estre opposé à la religion receuë, & avoir refusé d'adorer le Soleil. Ils habiterent aussi plus bas le long de l'Euphrate, où ils ont laissé des traces de leur nom : car on appelle encore aujourd'huy *Sabbi* les Chrestiens de saint Jean, qui demeurent aux environs de la ville de Bassora, qui fut bastie la seconde année de l'Hegire, par Omar, second Caliphe, & qui est à peu prés à deux journées au-dessous de la jonction du Tigre & de l'Euphrate, à pareille distance de la mer, & à trente degrez & demi d'élevation. Les Sabiens se répandirent ensuite dans tout l'Orient, & leur nom devint enfin un nom de secte, plûtost que de nation; & cette secte estoit toûjours la mesme que celle des anciens Chaldéens. Le savant Rabbin Moyse fils de Maïmon, voulant dire qu'Abraham avoit esté élevé dans le païs des Sabiens, dit qu'il avoit esté élevé dans le païs de Cutha, c'est-à-dire dans le païs de Chus, qui est la Susiane. Que si parce que les Ethiopiens ont aussi adoré le Soleil, on vouloit leur appliquer les paroles de Benjamin, la distance des lieux y repugneroit; car comment auroit-il pû aller en sept jours du Catif en Ethiopie? Outre que la suite de sa narration fait voir qu'il alloit vers l'Orient, & l'Ethiopie est à l'Occident. Strabon, qui estoit homme de bon sens & de bonne foy, ayant penetré jusqu'à Thebes d'Egypte à la suite d'Ælius Gallus, vit & entendit cette statuë au lever du Soleil. Il n'ose pourtant asseurer que quelqu'un des assistans ne contrefit pas ce son, pour l'honneur de sa patrie. Germanicus la vit aussi. Pline dit qu'elle estoit faite d'une pierre nommée Basalte par les Egyptiens, à cause qu'elle a la couleur & la dureté du fer. Ce terme est dérivé sans doute de l'Ebreu בַּרְזֶל *barzel*, qui signifie *du fer :* car la langue Egyptienne a eu quelque affinité avec l'Ebraïque.

Strab. lib. 17.

Plin. lib. 3. cap. 7.

Verité de l'histoire de Memnon.

VI. Ce qu'on doit penser de plus probable touchant l'expedition de Memnon, se peut recueillir de Diodore, & de quelques autres. Le royaume de Troade estoit dans la dépendance de l'empire d'Assyrie. Tithon frere de Priam qui possedoit ce royaume, alla à la cour du roy d'Assyrie, qui luy donna le gouvernement de la Susiane. Il s'y maria estant déja vieux; & parce que sa femme estoit d'un païs situé à l'Orient de la Grece & de la Troade, les Grecs qui tournoient toute l'histoire en fictions, dirent qu'il avoit épousé l'Aurore. Memnon & Emathion sortirent de ce mariage. La guerre de Troye estant ensuite survenuë, Priam demanda du secours à Teutamus roy d'Assyrie. Il luy accorda vingt mille hommes, & deux cens chariots de guerre. Diodore dit que ce secours estoit composé de dix mille Ethiopiens, & de dix mille Susiens, revenant

Diodor. lib. 2. & 4.

à l'erreur vulgaire, & confondant le Chus d'Ethiopie avec le Chus de la Sufiane. Pour rendre ce fecours plus utile, Teutamus en donna le commandement à Memnon, jeune prince de race Troyenne, & qui par cette raifon s'interefloit à la confervation de Troye. Il retint Tithon auprés de luy, à caufe de fa prudence qui le luy rendoit neceffaire dans fes confeils, & à caufe de fon âge trop avancé pour cette expedition. Memnon trouva de la réfiftance dans fa route. Les Solymes entre autres, qui depuis ont efté nommez Pifidiens, voulurent luy difputer le paffage, mais il les defit, & tout ce qui s'oppofa à luy. Il nettoya tous les paffages, il repara les chemins, & merita par cette longue & dangereufe marche, que ce chemin portaft fon nom, &

fuft appellé Memnonien. Il foutint devant Troye les efforts des Grecs avec beaucoup de valeur : mais il fut enfin tué par Achille. On parle fort diverfement du lieu de fa fepulture : car fans rien dire de Philoftrate, qui veut qu'il n'ait point eu de fepulcre, & qu'il fut changé en cette pierre miraculeufe, la Troade, la Phenicie, & la Sufiane le difputent; & fur tout l'Ethiopie : quoy qu'elle n'ait point d'autre droit à fa fepulture, non plus qu'à fa naiffance, que celuy que luy donne l'équivoque du mot de *Chus*.

Philoftr. Imag. lib. I.

VII. Mais malgré l'obfcurité que cette équivoque a jettée dans cette hiftoire, Philoftrate, George Syncelle, c'eft-à-dire, Coadjuteur de l'Eglife de Conftantinople, & Suidas qui avoit leu & copié de bons Auteurs,

confirmée par le témoignage de quelques Anciens. Philoftr. vit. Apoll. lib. 6. cap. 3. & Heroic. Georg.

quoy que souvent peu judicieusement, n'ont pas laissé de rendre témoignage à la verité ; le premier, en disant que Memnon l'Ethiopien, c'est-à-dire Amenophis, n'est jamais venu à Troye, & qu'on l'a confondu mal à propos avec Memnon le Troyen; & ne comprenant pas comment Memnon auroit pû amener un secours de si loin aux Troyens, ni mesme par qu'elle avanture Tithon se seroit allé établir en Ethiopie, & s'en seroit fait roy : le second, en distinguant exactement Amenophis roy de Thebes d'Egypte, qui est aussi appellé Memnon, & la Pierre parlante, de Memnon fils de Tithon, qu'il met au nombre des rois d'Assyrie : & Suidas, en assurant que Memnon n'estoit point Ethiopien, mais Susien. Pausanias, quoy que d'un esprit fort penetrant, n'a débroüillé qu'à demi cette confusion, disant que Memnon Ethiopien ne vint pas d'Ethiopie à Troye, mais de Suse. Eustathius, & le Scholiaste de Pindare, qui porte le nom de Triclinius, écrivent que Memnon & Emathion son frere, estoient seuls blancs au milieu de ces Ethiopiens, quoy que Virgile & les autres fassent Memnon noir. Cette remarque confirme ma pensée : car encore que les Poëtes & les Romanciers se soient donné la liberté de feindre qu'Andromede & Chariclée estoient nées blanches parmi des noirs, neantmoins cela est si singulier dans le cours ordinaire de la nature, qu'il y a bien plus de raison de croire que Memnon estoit blanc, parce qu'en effet il n'estoit point Ethiopien.

Eustath. in Dionys. Perieg. vers. 248. Schol. Triclin. adscrip. in Pind. Olymp. Od. 2. Virgil. Æneid. lib. 1.

CHAPITRE XIV.

Explication du quatorziéme Verset.

I. Chiddekel, Diglath, & Tigre, *font le mesme nom, & le mesme fleuve.* II. *Vaines conjectures des Anciens sur l'origine du nom de la riviere de Tigre.* III. *Veritable origine de ce nom.* IV. *Le Chiddekel n'est point le Naharmalca.*

Chiddekel, Diglath, & Tigre, font le mesme nom, & le mesme fleuve.

I. CE fleuve se rencontre le troisiéme dans l'ordre que Moyse s'estoit prescrit, & qui convenoit à sa situation, lors qu'il faisoit cette description. Cét ordre & le nom que le fleuve porte encore aujourd'huy, le font assez distinguer; car le nom de *Chiddekel* que Moyse luy donne, celuy de *Tigre* que luy donnent les Européens, & celuy de *Diglath* qu'on luy donne dans le Levant, sont la mesme chose.

Cela surprendra ceux qui n'entendent pas l'art des etymologies : art absolument necessaire dans l'usage des belles lettres, qui demande beaucoup d'erudition, & dont Quintilien recommande expressément l'étude. Je dis donc que de l'Ebreu חִדֶּקֶל *Chiddekel* s'est formé le mot *Tigris* : & voicy comment. La premiere lettre, qui est une forte aspiration est tombée ; comme au mot *Chaboras*, qui est le nom d'un fleuve de Mesopotamie, dont parle Ptolemée, que Strabon appelle Aborras ; comme au mot de *Cham*, qui est le nom du plus jeune des enfans de Noë, d'où s'est formé le nom Egyptien *Ammun*, & le grec *Ammon*, que l'on a donné à Jupiter ; & comme au mot Grec χλαῖνα, d'où les Latins ont fait celuy de *læna*. Cette aspiration estant donc of-

Quintil. lib. 1. cap. 4. & 6.

Ptolem. lib. 5. cap. 18. Strab. lib. 16.

tée du mot *Chiddekel*, il reste *dekel*, dont le *d* s'est changé en *t*, ce qui arrive souvent, comme entre lettres de mesme instrument. Ainsi on a fait *Azotus*, du mot Ebreu אשדוד *Asdod*; *iota* de יוד *iod*; *artaba*, du Syriaque *ardab*; *Atergatis* de *Derceto*; *tenebræ* de δνοφερόν. Le *k* de *Dekel* s'est changé en *g*; comme de אכבר *Acbar*, s'est fait *Agbarus*; de *Derceto*, *Atergatis*, que je viens d'alleguer; d'*Acragas*, *Agrigentum*; de *Caïus* & *Cneïus*, *Gaïus* & *Gneïus*; de *curculio*, *gurgulio*. La derniere lettre de *Dekel* a produit une *r*; comme de l'Ebreu *Belial*, les Grecs ont fait Βελιάρ· comme du Chaldéen *Sarbal*, ils ont fait *Sarabara*; comme l'on a appellé indifferemment le Borax, *Tincal* & *Tincar*. Et ce vers ancien de la comedie Grecque,

Ὁλᾶς θέωλος τὴν κεφαλὴν κόλα-   Aristoph.
κος ἔχει.   Vesp.

ait assez voir l'affinité de l'*l*, & le l'*r*. Ces permutations de lettres sont les portes de communication par où les mots originaux & les derivez entretiennent leurs correspondances. Ostant donc l'aspiration du mot *Chiddekel*, celuy de *dekel* est demeuré que les Syriens ont travesti en *Diklat*; Josephe & les Paraphrastes Chaldéens, les Arabes, & les Perses en *Diglath*; d'autres orientaux modernes en *Degil* & *Degela*; Pline, ou ceux qui l'avoient instruit, en *Diglito*; & les Grecs, qui donnoient à tous les noms étrangers l'inflexion & le tour de leur langue, en *Tigris*.

II. Cela fait voir évidemment combien sont vaines les conjectures des Anciens sur l'origine du mot de *Tigre*. Les uns ont cru

Vaines conjectures des Anciens sur l'origine du nom de la

riviere de Tigre. que ce fleuve estoit ainsi nommé à cause de la vitesse de son cours, pareille à celle de l'animal du mesme nom. D'autres tirent le nom du fleuve & de l'animal de celuy de la fleche, qui s'appelle *Tigris*, disent-ils, chez les Armeniens, chez les Medes, & chez les Perses. Nous pourrions parler avec assurance de cette origine, si la connoissance de l'ancienne langue Persique estoit venuë jusqu'à nous. Il en a passé plusieurs mots dans celle d'aujourd'huy, & je ne sçais si le mot تجر *Tojor* ne seroit point de ce nombre. Il signifie *une fleche*. Cette origine n'est pas hors de vray-semblance, car on ne pouvoit mieux comparer qu'à une fleche, le Tigre le plus leger de tous les animaux, & le Tigre le plus viste de tous les fleuves. Il semble que les Anciens ayent

DU PARADIS TERRESTRE. 191
affecté d'exprimer la rapidité de ce fleuve par les termes d'ὀξύτης, & d'ὀξὺς, qui signifie *pointu & leger;* comme pour marquer l'origine du mot *Tigris*, tiré de la fleche, qui est viste & pointuë. C'est dans cette mesme veuë que Diodore a comparé le Nil à une fleche, à cause de sa rapidité. Ainsi le fleuve de Sicile Acis, a eu ce nom, qui signifie *la pointe d'une fleche*, à cause de la legereté de sa course. Il semble encore que la mesme cause a fait donner au Tigre le nom de *Sollax*, ou *Sulax*, qui est marqué par quelques Auteurs, & qu'ils expliquent καταφερὴς, c'est-à-dire, *qui se porte en bas avec précipitation*. Ce mot, selon ma conjecture, vient de la mesme source que celuy du torrent de Siloë; je veux dire de שלוח c'est-à-dire *chaßé, envoyé, poußé comme un*

Diodor. lib. 1.

192 DE LA SITUATION
trait; car le mot שלח, qui a la mesme origine, signifie un *trait.* Le mot Arabe تَيَّار *Taijaron,* qui approche assez du Persan *Tojor,* que je viens de rapporter, à une signification qui convient à nostre sujet. Il signifie *un courant d'eau,* il signifie encore, *qui coule avec rapidité :* ce qui quadre assez à la nature du Tigre. L'erreur de Pline, & celle de son abbreviateur Solin, est remarquable sur toutes les autres, quand ils disent que le Tigre s'appelle *Diglito* dans le commencement de sa course, lors qu'elle est encore lente, mais que quand elle devient plus legere, il s'appelle *Tigre.* Il s'appelle *Tigre* dés sa source, comme l'assure Strabon; & les noms de *Tigre,* & de *Diglito* ne sont qu'une mesme chose.

III. Je dis encore que toutes ces conjectures sont vaines. Il faut

Plin. lib. 6. cap. 27. Solin. cap. 37.

Strab. lib. II.

Veritable origine de ce nom.

DU PARADIS TERRESTRE. 193
faut chercher la veritable racine du mot *Tigris* dans le mot Ebreu *Chiddekel*; & ce nom est composé des deux mots Ebreux חדה *chadda*, *aigu*, derivé du verbe חדד *chadad*, *estre aigu*, & de קל, *viste*, *leger*, derivé du verbe קלל, *kalal*, *estre viste & leger*. Et c'est plûtost à cette origine qu'à toute autre, que les Grecs semblent avoir eû égard, quand ils ont exprimé la rapidité de ce fleuve par le mot ὀξύτης. Josephe la reconnuë en partie, quand il a dit, Διγλὰθ, ἐξ οὗ φράζεται τὸ μετὰ στενότητος ὀξύ. Il faut corriger ce passage, & lire, ὃ ἐκφράζεται. c'est-à-dire, *Diglath*, qui s'explique, *étroit & leger*. Mais il ne faut pas attendre de Josephe une parfaite connoissance de la langue Ebraique. Les Rabbins ont parlé plus exactement que Josephe, & ont rapporté ce

Joseph. Antiq. lib. I. cap. 2.

I

mot à sa veritable source. Celle que propose Moyse Barcepha, n'est pas méprisable: il veut que *Chiddekel* vienne du Chaldéen דְקַל, *dekal* qui signifie, *bouillir*. Et peut-estre y faut-il rapporter le passage de Hesychius, τίγρης, ὁ τȣ̃ ποταμȣ̃ ῥοῖζος· c'est-à-dire que le mot de *Tigre*, signifie le bruit que fait l'impetuosité d'un fleuve. D'autres fleuves que celuy-cy ont porté le nom de *Tigre*, & probablement pour la mesme cause.

IV. C'est donc inutilement que des gens habiles, mais entestez, ne pouvant accommoder leurs préjugez à l'état des choses, taschent d'accommoder les choses à leurs préjugez. Ils ont voulu que ce que Moyse appelle icy *Chiddekel*, soit le Naharmalca, l'un des canaux par où l'Euphrate se joint au Tigre: canal

Mos. Barc. de Parad. cap. 18.

Le Chiddekel n'est point le Naharmalca.

fait à la main long-temps aprés Moyse. Outre que le niveau des eaux de l'Euphrate, fort élevé au-dessus du niveau des eaux du Tigre, comme je l'ay fait voir, prouve que ces canaux naturels ou artificiels, n'eſtant que des écoulemens de l'Euphrate, ne peuvent avoir paſſé pour le Tigre ; & qu'on ne doit pas prétendre de nous perſuader ſans preuves, que le Tigre n'eſt pas le Tigre.

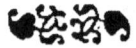

CHAPITRE XV.

Continuation de l'explication du quatorziéme Verset.

I. *Le mot Ebreu* קִדְמַת *Kidmath, en cét endroit ne peut signifier* à l'Orient. II. *En quel sens il faut entendre que le Tigre va vers l'Assyrie.*

Le mot Ebreu קִדְמַת *Kidmath, en cét endroit ne peut signifier à l'Orient.*

I. VErset 14. *C'est celuy qui va vers l'Assyrie.* Il y a deux avis sur ce passage. Le mot קִדְמַת Kidmath, en est le sujet. Les uns veulent que ce soit une préposition, qui signifie *vers, du costé.* Les autres veulent que ce soit un adverbe de lieu, qui signifie *à l'Orient.* Les Septante, presque tous ceux qui ont suivi leur version, & saint Jerosme dans la Vulgate, sont pour le premier avis. Les Paraphrastes Chaldéens, la plusspart des Rabbins & des Ebraïzans, font pour le second. Les Commentateurs modernes ont pris parti selon leurs veuës. Cette diversité m'étonne : car si l'on avoit fait reflexion sur la situation de l'Assyrie, & sur le cours du Tigre, la difficulté seroit aisée à lever. Le mot d'Assyrie se peut entendre en deux manieres, ou dans un sens étroit, ou dans un sens plus étendu. Dans le sens étroit, l'Assyrie estoit une province assez bornée, dont Ninive estoit la capitale : & c'est cette province qui a depuis esté nommée Adiabene. Dans le sens plus étendu l'Assyrie renfermoit plusieurs grandes provinces, qui estoient sujettes aux rois d'Assyrie, & qui composoient son empire. Il est arrivé à cét état, comme à la France, que la plus ancienne partie de l'empire a donné le nom aux autres, qui luy ont esté jointes dans la suite. En quelque sens qu'on prenne l'Assyrie, il est certain que le Tigre à son égard n'estoit point à l'Orient. Si ce n'est qu'on la prenne pour la Syrie, comme ont fait quelques Auteurs Grecs. Mais il faudroit estre bien ignorant dans l'histoire ancienne pour croire que Moyse l'eust prise dans ce sens; puisque le nom de Syrie est bien plus recent, & s'est formé du nom Ebreu de Tyr, qui en estoit la capitale & la plus connuë aux Grecs: au lieu que le nom de l'Assyrie vient de l'Ebreu *Assur*. On peut dire veritablement que le Tigre traversoit l'Assyrie, quand on renferme sous le nom d'Assyrie, la Mesopotamie, la Syrie, & une partie de l'Arabie. Mais cette extension de ce nom s'est faite long-

DU PARADIS TERRESTRE. 199
temps aprés Moyse, qui ne peut avoir entendu sous le nom d'Assyrie, qu'une fort petite portion de terre aux environs de Ninive. C'est ce qu'on pourroit croire, que l'Interprete Arabe a voulu marquer, quand il a dit que le Tigre va à l'Orient de Mausal. Mausal est une ville de Mesopotamie située sur les bords du Tigre, vis à vis du lieu où estoit l'ancienne Ninive : & il est vray que le Tigre passe à l'Orient de cette ville. Mais il s'est trompé quand il a mis Mausal pour Ninive; car encore qu'on les confonde presque toûjours, neantmoins l'une estoit à l'Orient du fleuve, & l'autre au Couchant. Je ne vois donc pas sur quelle apparence on peut dire que le Tigre va à l'Orient de l'Assyrie.

II. Calvin a senti le poids de cette objection, & pour l'éluder *En quel sens il faut entendre que le Tigre va vers l'Assyrie.*

il a traduit : *C'estuy-là vers l'Orient & Assyrie*, contre la foy du texte Ebreu, où cette conjonction ne paroist point : non plus que les prépositions, que quelques-uns ont inferées en traduisant ainsi ; *à l'Orient, vers l'Assyrie.* Il en faut donc revenir à la version des Septante, & traduire, *qui va vers l'Assyrie.* Et il ne faut pas croire que Moyse ait dit que le Tigre va vers l'Assyrie par rapport à la source de ce fleuve, ou au cours de ses eaux, mais par rapport à la situation du Paradis terrestre, & à la disposition du lit du Tigre. Comme quand il a dit *qu'un fleuve sortoit d'Eden, pour arroser le Jardin, & delà il se divisoit & estoit en quatre testes*, il a eu les mesmes égards, & à la situation du Paradis, & à la disposition du lit du Tigre.

CHAPITRE XVI.

Continuation de l'explication du quatorziéme Verset.

I. *Fausses origines du nom de l'Euphrate.* II. *Veritable origine de ce nom.* III *Vertu attribuée aux eaux de l'Euphrate.*

I. Verset 14. *Et le quatriéme fleuve est l'Euphrate.* Moyse n'a joint aucune marque de distinction à ce fleuve, parce qu'on ne pouvoit le confondre avec les autres qu'il avoit déja fait connoistre; & que sa grandeur & son voisinage le rendoient assez celebre, dans les lieux, & parmi les peuples pour qui il écrivoit. Ce fleuve a mieux conservé son nom que les autres. C'est une erreur de croire que le nom de l'Euphrate est composé de son nom Ebreu פרת *Perath*,

Fausses origines du nom de l'Euphrate.

I v

& du pronom הו *hu*, qui se trouvent joints dans ce passage: ce que plusieurs habiles gens ont pourtant cru. Les Grecs ont changé *Perath* en *Euphrates*, en ajustant ce mot, ainsi que tous les mots étrangers, au genie de leur langue, comme s'il estoit dérivé du mot εὐφραίνειν, qui signifie *rejouir*, à cause de l'agrément que porte l'Euphrate dans tous les lieux de son passage. Cette etymologie a esté receuë de plusieurs, comme saint Ambroise l'a remarqué. Peut-estre aussi qu'ayant leu que ce fleuve estoit ainsi nommé à cause de sa fecondité, ils ont rapporté son origine au mot εὔφορος, qui signifie *fecond*, *fertile*, & y ont accommodé son nom. Peut-estre sans avoir en veuë ces etymologies, de *Perath* ils ont fait *Euphrate*; comme de *Tabor* ils ont

Ambros.
De Parad.
cap. 3.

fait *Atabyrius*; de *Derceto*, *Atergatis*. Ainsi la langue Françoise, aussi bien que le dialecte Eolien, aime à commencer plusieurs mots par des *e*, qui ne se trouvent point dans leur racine. De ϛέγη nous faisons *étage*; de *spiritus*, *esprit*. Les Ebreux mesme ont mis un *u* à la teste du mot de *Paz*, qui est le nom du païs d'Ophir; & l'ont nommé *Uphaz*.

II. La veritable racine du nom de l'Euphrate, c'est l'Ebreu פָּרָה *parah*, qui signifie *s'augmenter, croistre* : & dans la conjuguaison *hiphil*, *rendre fecond*, parce que ce fleuve en s'augmentant porte par ses inondations la fertilité dans tous les lieux qu'il arrose. C'est le sentiment de saint Jerosme, de la plufpart des Peres, des Interpretes de l'Ecriture, & des Rabbins. Je passe plusieurs autres origines de ce mot, que les

Veritable origine de ce nom.

Hieron. De nomin. Ebr.

Auteurs proposent, pour m'arrester à celle de Josephe. Il écrit le nom Ebreu φορὰ, le prononçant à la maniere des Arabes, & il l'explique σκεδασμὸν ἢ αὔθος, *Dissipation ou Fleur*, le derivant du verbe פוּר *pur*, qui signifie entre autres choses, *dissiper*, à cause de l'écoulement, & pour ainsi dire, de la dissipation des eaux de l'Euphrate ; ou du verbe פָּרָה *parach, fleurir, germer*, parce que ses eaux font fleurir & germer les terres qu'elles baignent. On s'étonneroit qu'un Juif allast chercher des origines si éloignées & si forcées, ayant celle de פָּרָה *parah*, si proche & si naturelle, si on ne savoit d'ailleurs qu'il ne raffinoit pas sur la langue Ebraïque.

Joseph. Antiq. lib. 1. cap. 2.

III. Du reste comme les peuples ont attribué au Gange & au Nil la vertu de sanctifier les

Vertu attribuée aux eaux de l'Euphrate.

ames; ils ont attribué à l'Euphrate celle de rendre la santé aux corps. Les Arabes ont si bonne opinion des eaux de ce fleuve, qu'ils les boivent pour toutes fortes de maladies, & les croyent mefme un remede infaillible contre la pefte; par la vertu qu'elles ont prife dans le Paradis terreftre. Et parce qu'on attribuë le mefme effet au fleuve Hyphafis, Philoftorge a pris cét effet pour une preuve qu'il eftoit le Phifon, & venoit aufli du Paradis.

<small>Philoftorg. lib. 3. cap. 10.</small>

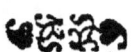

CHAPITRE XVII.

Autres preuves de la situation du Paradis terrestre, que j'ay proposée.

I. *On prouve encore que le Paradis terrestre estoit situé dans le lieu que j'ay marqué, par la fertilité & la beauté de ce païs:* II. *& parce qu'il a esté le premier habité.* III. *Veritable signification du mot Ebreu* נוד *Nod.* IV. *Ce que c'estoit que les colonnes des descendans de Seth.* V. *On peut encore conjecturer la situation du Paradis par le lieu où s'arresta l'Arche de Noë.*

On prouve encore que le Paradis terrestre estoit situé dans le lieu que j'ay marqué, par la fertilité, & la beauté de ce païs:

I. APrés avoir tasché de découvrir la situation du Paradis terrestre dans la description que Moyse nous en a laissée, nous pouvons encore trouver d'autres indices, qui nous serviront à le reconnoistre. Telle est la fertilité du païs, & la bonté du terroir, qui semble encore retenir des restes de la benediction que

Dieu y répandit. Car cette fertilité estoit en partie surnaturelle, & en partie naturelle. Moyse nous apprend que Dieu pour former le Paradis, fit germer de la terre toutes sortes d'arbres desirables à voir, & bons à manger. Et voulant exprimer dans un autre endroit l'agrément & la fecondité du terroir de Sodome avant son chastiment, il le compare au Paradis de Dieu : soit qu'il n'ait voulu signifier qu'un jardin d'une excellente beauté, par un Ebraïsme fort ordinaire dans les livres sacrez, comme quelques-uns le pensent ; soit qu'il ait entendu le Paradis terrestre, selon la plus commune opinion. Et l'on ne doute pas que ce lieu formé surnaturellement de la main de Dieu, n'ait esté le modele, sur lequel les Poëtes profanes ont formé leurs

Gen. 2. 9.

Gen. 13. 10.

Isles fortunées, les champs Elyſiens, les prez de Pluton, les jardins des Hesperides, d'Adonis, de Jupiter, & d'Alcinoüs. Et lors que Xenophon a voulu definir ces beaux jardins, qu'on appelloit des Paradis, il n'a point employé d'autres termes, que ceux dont Moyſe s'eſt ſervi pour d'écrire le Paradis terreſtre. Mais outre les ornemens, dont la main de Dieu l'embellit extraordinairement, on ne peut croire raiſonnablement, que Dieu s'eſtant propoſé de placer le premier homme dans un lieu de delices, euſt choiſi une terre ingrate & ſterile, ou quelque affreux deſert, plûtoſt qu'une contrée heureuſe, & déja embellie & enrichie dés la naiſſance du monde. Or non-ſeulement la Meſopotamie & la Cœleſyrie, mais encore la Babylonie, qui s'étendoit juſqu'au Golphe Persique, & une bonne partie de la Syrie, estoient alors les plus agreables, & les plus riches terres du monde. Et cela à un tel point, que la fertilité des jardins de Syrie, la passion de ce peuple pour leur culture, & l'abondance de leurs legumes & de leurs herbes potageres, ont passé en proverbe. Et pour ne m'éloigner point de la region où j'ay placé le Paradis, depuis la jonction du Tigre & de l'Euphrate, qui se faisoit prés de la ville d'Apamée, selon Ptolemée, jusqu'à leur embouchure, leurs bords, tant du costé de la Susiane, que du costé de l'Arabie, ne cedent à aucune autre contrée de l'Asie en beauté & en fecondité. Je ne veux pas dire qu'on y trouve ces delices que la main de Dieu y avoit répanduës pour en former le Paradis : je ne dis pas non plus qu'on y trouve toutes celles que le travail du laboureur y peut donner : je dis seulement que le fonds en est admirable, & que la nature l'a renduë capable de toute sorte de culture; quoy qu'il soit vray que les pluyes y sont rares, & qu'elle doit toute sa fecondité à la bonté de son terroir, & aux rivieres qui l'arrosent. C'est ce que nous apprenons des historiens & des geographes anciens & modernes : & sans rapporter icy une longue suite de passages, il doit suffire de dire que ç'ont esté ces delices & ces beautez qui ont fait donner le nom *d'Eden*, c'est-à-dire *volupté*, à la province où estoit le Paradis. Le nom de l'isle Chader, que forment le Phison & le Gehon, marque sa beauté ; خَضِرٌ & خَضِيرٌ *Chadiron*, en Arabe, signifie *verdoyant, agrea-*

ble à voir. L'autre isle nommée *Gezair*, c'est-à-dire *l'Isle* par excellence, qui est immediatement au-dessus de la jonction du Tigre & de l'Euphrate, ne cede point en beauté à l'isle de Chader. Les Nestoriens luy ont donné le nom d'Eden, soit à cause de son amenité, soit par la connoissance qu'ils avoient que la province d'Eden estoit dans ce païs, & s'étendoit jusqu'à cette isle. Je trouve encore une troisiéme isle en ces quartiers renommée pour ses delices. C'est le terroir des environs de Bassora qui est enfermé entre deux petites rivieres faites à la main. L'une s'appelle la riviere d'Abulla, & l'autre la riviere de Mocali. Les peuples d'Asie ont quatre lieux qu'ils nomment pour leur agrément *Les jardins du monde*, & qui sont pour eux ce que les Tempé de

Thessalie estoient parmi les Grecs. L'un est en Perse & s'appelle *la Riviere de Bavan*; l'autre est dans la Bactriane, prés de Samarcande; le troisiéme est *Le verger de Damas*; & le quatriéme est le territoire de Bassora, qu'ils nomment *La riviere d'Abulla*. C'est assurement cette isle que l'Indien Pilpay dans son livre Des lumieres, represente aux environs de Bassora, si delicieuse, couverte d'un bois tres-agreable, joüissant d'un air extremement doux, & arrosée de plusieurs fontaines, dont les eaux serpentent de tous costez. Tout le païs qui est entre les isles Chader & Gezair, qui est le païs du Paradis terrestre, ne leur est point inferieur en agrément. Car les Voyageurs nous assurent que le Grand Seigneur n'a point de meilleures terres, que celles qui font entre Bagdad & Baſlora. Que ſi quelques-unes demeurent incultes, il s'en faut prendre à la ſolitude du païs, ou à la pareſſe des habitans.

II. L'opinion que j'ay propoſée touchant la ſituation du Paradis terreſtre, ſe prouve encore tres-ſolidement de ce que ce païs a eſté le premier habité. Il nous en reſte peu de marques, mais celles qui reſtent, concourent à cette preuve. La premiere eſt cette ville que baſtit Cain à l'Orient d'Eden, & à qui il donna le nom de ſon fils Enoch. Ptolemée dans la deſcription de la Suſiane, marque juſtement à l'Orient du lieu où j'ay placé le Paradis une ville nommée Anuchtha. On ſçait que la ſyllable *tha*, qui termine ce mot, eſt une terminaiſon aſſez ordinaire des noms feminins de la langue Chal-

& parce qu'il a eſté le premier habité.

Gen. 2. 16, 17.

Ptol. lib. 6. cap. 3. & Tab. 5. Aſiæ.

daïque, & qu'elle ne fait pas partie des noms mefme. Il ne refte donc qu'*Anuch*, qui eft fans difficulté la mefme chofe qu'Enoch. Et voilà conftamment la plus ancienne ville du monde.

Veritable fignification du mot Ebreu נוד *Nod.*

III. Il n'eft demeuré aucune trace du nom de *Nod* qu'on prétend avoir efté le nom du païs où Caïn fe retira, & où il baftit cette ville d'Anuchtha. Auffi n'eft-il pas conftant que les mots du texte Ebreu fe doivent traduire ainfi, *Et il habita dans la terre de Nod*, ou felon les Septante, *en la terre de Naïd*; & que du mot נד *nad*, que l'on traduit *errant*, tel qu'on pretend qu'eftoit Caïn, on ait donné le nom à la terre où il fe retira ; comme on a feint que le Latium a efté ainfi nommé du mot *lateo*, *je fuis caché*, parce que Saturne s'y cacha, quand il fut chaffé du

Ciel. Je ferois plûtoft de l'avis de faint Jerofme, qui rejette cette traduction, & je croirois volontiers que *nod* en cét endroit fignifie feulement *fugitif, banni*, ce qui exprime l'état où eftoit Caïn. Je n'ajoufterois pas à cette expofition, comme faint Jerofme, σαλδυόμϱυος, *errant* : car cét état ne convient pas à un homme qui fixe fa demeure, en baftiffant une ville pour l'habiter ; & le mot de נע, *nah*, que Moyfe ajoufte à celuy de נד, & qui eft traduit *vagus*, dans la Vulgate, peut fignifier *ému, agité interieurement*. C'eft ainfi que les Septante l'ont entendu, en traduifant, σένων καὶ τϱέμων, *foupirant & tremblant*. Et peut-eftre le σαλδυόμϱυος de faint Jerofme ne fignifie-t-il autre chofe.

Hieron. Quæft. Eb. in Genef.

Gen. 14. 12, 14.

IV. Jofephe rapporte que les defcendans de Seth, connoif-

Ce que c'eftoit que les colonnes

216 DE LA SITUATION

des descendans de Seth. Joseph. Antiq. lib. I, cap. 3.

sant par les predictions d'Adam, que le monde devoit perir par l'eau premierement, & puis par le feu, & voulant conserver à la posterité les decouvertes qu'ils avoient faites dans l'Astronomie, les graverent sur deux colonnes, l'une de pierre pour resister à l'eau, l'autre de brique pour resister au feu; & qu'ils placerent ces colonnes dans la Syriade, ᾳ᷉ τὴν συειάδα. Je me suis bien tourmenté autrefois, pour découvrir ce que c'estoit que cette Syriade, & pour y trouver ces colonnes. M. Vossius a esté plus heureux que moy, & a montré que Josephe appelle la Syriade, le lieu qui est appellé Sehirath dans le livre des Juges. Ce lieu estoit en Galgal, dans le territoire de Jericho, & l'on y voyoit quelques figures entaillées. Ces figures sont appellées הפסילים *happesilim*,

Voss. de ætate mundi, cap. 10.

Judic. 3. 27, 19.

happefilim, dans l'Ebreu; τὰ γλυ-πτὰ, dans les Septante. Il y a toute l'apparence du monde, que ces graveures eſtoient les Tables Aſtronomiques, que l'on diſoit que les deſcendans de Seth a-voient entaillées ſur des pierres. Et l'on pourroit conclure de là qu'Adam & ſes deſcendans au-roient habité dans la Judée, com-me pluſieurs Peres de l'Egliſe l'ont cru, ce qui ne reviendroit pas à noſtre compte. Mais c'eſt une fable que de rapporter la fa-brique de ces colonnes aux deſ-cendans de Seth, & meſme de les faire plus anciennes que le Deluge. C'eſtoit plûtoſt un ou-vrage des anciens habitans du païs de Chanaan, intelligens dans l'Aſtronomie, à l'exemple & par les inſtructions des Egyptiens & des Chaldéens leurs voiſins, peuples que la nature de leur païs, plat & découvert, avoit invitez à la contemplation des Astres, & qu'un long usage y avoit rendus tres-savans. Ce fut aussi à l'exemple des Egyptiens qu'ils graverent leur science sur des pierres, pour en laisser la memoire & le profit à la posterité : & ces inscriptions des Chananéens, aussi-bien que celles des Egyptiens, ont donné lieu à beaucoup de fables. On ne peut donc tirer aucune consequence de ces colonnes, qui nous fasse juger du lieu de la demeure des premiers hommes.

On peut encore conjecturer la situation du Paradis, par le lieu où s'arresta l'Arche de Noé.

V. Mais on peut du moins le conjecturer, par celuy où s'arresta l'Arche aprés le Deluge. Moyse dit que ce fut sur les montagnes d'Ararat, c'est-à-dire, selon les meilleurs Interpretes, sur les monts Gordyens, qui estoient proches de la source du Tigre &

de la grande Armenie; & qui s'étendoient assez loin au Levant, & au Midy vers l'Assyrie. Or puisque les pluyes ne furent pas la seule cause du Deluge, mais encore le debordement de l'Ocean, comme l'Ecriture nous l'apprend, en disant que les fontaines du grand abysme furent rompuës, ce debordement qui venoit de la mer Persique, ordinairement si impetueuse dans ce Golphe, partant du Sud, & rencontrant l'Arche aux environs du lieu où j'ay mis le Paradis, l'emporta au Nord, vers les monts Gordyens, dont le Meridien n'est pas éloigné de celuy du Paradis. A quoy si l'on ajouste la violence des vents pluvieux du Midy, qui vraysemblablement souffloient alors, & aidoient le mouvement des eaux, on n'aura pas de peine à comprendre que l'Ar-

Gen. 7. 11.

che, à cause de sa figure, fort peu propre à la navigation, & de sa pesanteur qui luy faisoit tirer beaucoup d'eau, ne faisoit qu'une lieuë & demie par jour vers le Nord. Car à ce compte nous trouverons que partant du lieu où Ptolemée place la ville d'Aracca, qui est à peu prés l'endroit où je crois qu'estoit situé le Paradis, elle dut se trouver sur les monts Gordyens, au bout de cent cinquante jours, que dura le Deluge.

CHAPITRE XVIII.
On répond aux objections.

I. *Premiere objection.* II. *Seconde objection.* III. *Troisiéme objection.* IV. *Quatriéme objection.*

Premiere objection.

I. IL s'agit maintenant de répondre aux objections qui ont esté faites contre l'opinion de Calvin, & de Scaliger, en ce qu'elle a de commun avec la mienne, & à celles que l'on me peut faire. On a objecté premierement que ce fleuve formé de la jonction du Tigre & de l'Euphrate, qu'on appelle aujourd'huy le Fleuve des Arabes, n'entre dans le Golphe Perfique, que par une feule embouchure; d'où il s'enfuit que les deux canaux de fa divifion, que je prétends eftre le Phifon & le Gehon, font deux canaux imaginaires. J'ay déja fait voir par l'autorité des anciens Ecrivains, & des Voyageurs modernes, la fauffeté de cette objection. Ce qui a caufé l'erreur, eft que ce fleuve en fe féparant, enferme une affez grande étenduë de païs, qu'on nommoit autrefois Meffene, & aujourd'huy Chader. Si l'on ne confidere cette terre que comme une ifle po-

K iij

sée au milieu de l'embouchure du fleuve, il sera vray de dire que ce fleuve n'a qu'une embouchure. Mais il sera encore plus vray de dire que cette embouchure estant divisée par une grande isle, longue de plus de quatre-vingt lieuës, comme l'assure Teixeira, témoin oculaire; & large de plus d'un degré, selon la delineation des Tables de Prolemée, est composée de deux bras fort éloignez l'un de l'autre, qui ont chacun leur embouchure particuliere. De sorte que ce grand fleuve a une ou deux embouchures, selon les diverses manieres de les considerer. Il n'a qu'une embouchure, mais separée par une fort grande isle; où il a deux embouchures, savoir celle des deux bras qui le partagent.

Seconde objection.

II. On objecte ensuite que

ces deux bras ne sont pas des fleuves differens du Tigre & de l'Euphrate, puis qu'ils sont formez de leurs eaux, & partant que nous ne designons pas les quatre fleuves qui sortoient du Paradis, comme les paroles de Moyse semblent le requerir. Mais il est visible que cette question n'est que de nom; & il n'est pas nouveau qu'un fleuve change de nom en se partageant. On auroit raison de dire de la ville de Cologne, qu'elle est arrosée d'un fleuve qui se divise en quatre testes, la Moselle & le Rhin, l'Issel & le Vahal.

III. La troisiéme objection est plus frivole encore que celle-là. Ce que Moyse appelle *des testes*, se doit entendre, dit-on, des sources des quatre fleuves, & non pas de leurs extremitez aux endroits de leur jonction & de leur

Troisiéme objection.

separation. On ne demeure pas d'accord que le mot Ebreu ראשים *Raschim*, dont se sert Moyse, celuy d'ἀρχαὶ, dont se servent les Septante, & celuy de *capita*, dont se sert l'Auteur de la Vulgate, signifient *des fontaines*. On trouve dans ces langues des termes propres pour signifier des fontaines, & on ne peut dire pourquoy Moyse & ses Traducteurs auroient evité ces termes, pour en prendre d'ambigus. Ceux dont ils se sont servis, signifient de nouvelles entrées dans les divers lits des fleuves, par rapport à la situation du Paradis terrestre. Mais cela a déja esté dit.

Quatriéme objection. IV. Passons à la derniere objection qu'on nous peut faire, & qui est la plus raisonnable. Plusieurs anciens Auteurs assurent, que l'Euphrate entroit autrefois dans la mer par une embouchure particuliere; mais que les Arabes Scenites, & plusieurs autres peuples qui habitent sur ses rives, l'ayant détourné sur leurs terres arides par une infinité de saignées, l'ont enfin affoibli, en sorte qu'il s'est perdu dans des marais, sans avoir eu la force de gagner la mer. Il avoit son cours du costé du Couchant, vers l'Arabie, entre le lieu ou Moyse écrivoit son Pentateuque, & le canal que j'appelle Phison. D'où il s'ensuit que quand Moyse a parlé de l'Euphrate, il n'a pu entendre que ce canal, qui estoit alors le veritable Euphrate, qui n'avoit point encore esté épuisé par les saignées, & qui ne pouvoit passer pour une des quatre testes, dont je pretens qu'il a parlé. Et il s'ensuit aussi que dans le denombrement qu'il a fait des quatre fleuves, & qu'il a commencé selon moy par celuy qui luy estoit le plus proche, il a du commencer par l'Euphrate. J'ay déja prevenu cette objection, lors que j'ay dit qu'il est tres-vray-semblable que ce canal de l'Euphrate, qui tomboit dans la mer par une embouchure particuliere, n'estoit qu'une échappée de l'amas des eaux que les Arabes avoient derobées à ce fleuve, pour abbreuver leurs terres, & que ces peuples continuant leurs larcins avoient enfin tari ce conduit. Ainsi l'art ayant defait l'ouvrage de l'art, les choses se sont retrouvées dans l'état où elles estoient du temps de Moyse. Peut-estre aussi n'est-ce qu'un torrent causé par les debordemens de l'Euphrate, qui alloit quelquefois jusqu'à la mer, & quelquefois demeuroit en chemin. Il alloit jusqu'à la mer, lors que ces debordemens remplissoient les saignées & les marais que produisoit l'assemblage des eaux de ces saignées : & il demeuroit en chemin, quand le debordement de l'Euphrate avoit cessé. Mais quand ce canal seroit mesme aussi ancien que le Paradis terrestre, pourveu qu'on soit assuré d'ailleurs, comme on l'est tres-certainement sur le témoignage de l'antiquité, & par la disposition naturelle des lieux, que l'Euphrate se joignoit au Tigre, nostre opinion subsisteroit. Car encore que ce bras de l'Euphrate se trouvast situé entre l'Arabie Petrée, où Moyse écrivoit, & le canal que je pretens estre le Phison, Moyse auroit bien pû n'y avoir aucun égard, & n'avoir consideré que les quatre fleuves, qui appartenoient à sa description.

CHAPITRE XIX.

Recapitulation de tout ce Traitté.

I. *Dieu planta un Jardin en Eden du costé d'Orient.* II. *Un fleuve sortoit d'Eden, pour arroser le Jardin.* III. *Il se divisoit & estoit en quatre testes.* IV *La premiere est le Phison,* V. *qui arrose la terre de Chavilah, fertile en or;* VI. *en perles, & en Bdellium; en Onyx, & en toutes sortes de pierreries.* VII. *Le second fleuve est le Gehon, qui arrose la terre de Chus.* VIII. *Le troisieme est le Tigre, qui va vers l'Assyrie: & le quatriéme est l'Euphrate.* IX. *Toutes les marques, par lesquelles Moyse a désigné la situation du Paradis, ne peuvent convenir qu'à celle que j'ay proposée.* X. *La question de la situation du Paradis terrestre ne touche point à la Foy.*

Dieu planta un Jardin en Eden du costé d'Orient.

I. JE crois avoir satisfait à mon entreprise, & avoir solidement prouvé que le Paradis terrestre estoit situé sur le fleuve que produit la jonction du Tigre & de l'Euphrate, & qu'on appelle aujourd'huy le Fleuve des Arabes, entre cette jonction & la division que fait ce mefme fleuve, avant que d'entrer dans la mer Perfique. Mais parce que les preuves que j'ay apportées, pour eftre trop étenduës, feroient peut-eftre moins d'effet fur l'efprit du Lecteur, elles le perfuaderont davantage eftant ramaffées, & fe prefentant toutes enfemble. Moyfe dit donc que *Dieu planta un jardin en Eden.* Nous trouvons une province de ce nom fur les bords de ce fleuve, & vers le lieu que j'ay marqué. Cette province a merité le nom d'*Eden*, qui fignifie *volupté*, à caufe de fon agrément & de fa fertilité. Quoy qu'aujourd'huy elle foit prefque inculte, elle femble neantmoins porter encore des marques de la main liberale de Dieu dans la bonté de fon terroir. Ce Jardin estoit situé *du costé d'Orient*, c'est-à-dire dans la partie orientale du païs d'Eden, qui occupoit les deux bords du fleuve. Cela peut aussi signifier cette rive orientale qui dans toute l'étenduë du cours du Tigre, portoit le nom de *Kedem*, c'est-à-dire *Orient*, comme un nom propre & non comme un nom appellatif. De mesme que les terres situées sur la rive occidentale, portoient le nom propre de *Ereb*, c'est-à-dire *Occident*, d'où l'Arabie a tiré son nom. De sorte que Moyse a voulu nous faire entendre, que le Paradis, du moins en sa plus grande & principale partie, estoit placé sur la rive orientale du fleuve. Outre la bonté naturelle de cette contrée, Dieu l'embellit extraordinairement pour en former le Paradis, en faisant *germer de la terre toutes sortes d'ar-*

bres desirables à voir, & bons à manger.

II. *Ce fleuve sortoit d'Eden, pour arroser le Jardin,* c'est-à-dire qu'aprés avoir traversé cette province il entroit dans le Jardin: qui estant à l'Orient d'Eden, il falloit que le fleuve, là où il entroit dans le Jardin, eust son cours de l'Occident à l'Orient: & par consequent qu'il fust situé sur un des détours du fleuve, qui tient cette route. Et comme entre sa jonction & sa division, il ne fait point de détour plus remarquable, que ce grand que l'on voit dans les Tables de Ptolemée, il y a toute sorte d'apparence, que le Paradis estoit placé à l'extremité orientale de la branche meridionale de cette courbure. Les Cartes modernes ne la representent pas: mais il faut se souvenir des changemens

Un fleuve sortoit d'Eden pour arroser le Jardin.

que l'art a apportez au cours de ces rivieres. Elles marquent celle-cy tirant un peu de l'Occident à l'Orient, entre la jonction du Tigre & de l'Euphrate, & la ville de Baflora. Quand le cours des eaux auroit esté ainfi difposé dés le temps du Paradis terreftre, & non felon les Cartes anciennes, il conviendroit encore à la defcription de Moyfe.

Il fe divifoit & eftoit en quatre teftes.

III. Ce fleuve eftant confideré par rapport au Jardin, felon la difpofition de fon lit, & non felon le cours de fon eau, *fe divifoit & eftoit* partagé, non pas en quatre fontaines, comme plufieurs Interpretes l'ont cru, mais *en quatre teftes*, c'eft-à-dire en quatre entrées ou ouvertures de quatre branches differentes. Ces quatre branches eftoient quatre fleuves; deux au-deffus, par rapport au cours de l'eau, sçavoir l'Euphrate & le Tigre; deux au-dessous, sçavoir le Phison & le Gehon.

IV. Moyse qui écrivoit ces choses dans l'Arabie Pierreuse, voulant faire le denombrement de ces fleuves, pour faire connoistre la situation du Paradis terrestre, l'a commencé par *le Phison*, que je pretens estre le canal occidental des deux qui font le partage du fleuve, avant qu'il entre dans la mer : parce que c'estoit le plus proche du lieu où il écrivoit, & qu'il se presentoit le premier à son esprit, comme il se seroit presenté le premier à ses yeux & à ses pieds, s'il s'estoit acheminé de ce costé-là. Et comme de la connoissance de ce premier fleuve dependoit en quelque sorte celle des autres, il luy a apposé plus de marques pour le faire reconnois-

La premiere estoit le Phison.

tre qu'aux autres; & ces marques luy font particulieres, & ne peuvent convenir qu'à luy seul.

qui arrose la terre de Chavilah, fertile en or;

V. La premiere marque est que ce fleuve, *est celuy qui tournoye dans toute la terre de Chavilah*. De la connoissance de cette terre depend celle du Phison, & on ne peut pas douter que ce ne soit celle qui est à l'extremité septentrionale de la coste orientale d'Arabie, c'est-à-dire sur la rive occidentale de l'embouchure de l'Euphrate & du Tigre. L'Ecriture en designe exactement la situation, lors qu'elle marque Chavilah & Sur, comme les deux extremitez de l'Arabie voisine de la Terre sainte. Car Sur estant à l'entrée d'Egypte, vers l'extremité du Golphe Arabique, il s'ensuit que Chavilah estoit à l'autre costé de l'Arabie, à l'extremité du Golphe Persique.

Ajoûtez à cela le témoignage des Auteurs payens, qui ont placé en ce mesme endroit les peuples appellez Chavlasiens, & Chavlothéens, noms formez indubitablement de celuy de Chavilah. Toutes les marques que Moyse nous a données pour reconnoistre Chavilah, conviennent parfaitement au païs que je designe. *Il y a de l'or, & l'or de cette terre est bon*, comme David & Ezechiel l'attestent, & comme on l'infere des presens que les Mages apporterent à nostre Seigneur.

<small>Psalm. 72. 10, 15. Ezech. 27. 20, & seq.</small>

VI. *Là est le Bdellium*, soit qu'on entende des perles par ce mot, tel qu'il est écrit en Ebreu; soit qu'on entende une gomme aromatique. La plus grande pesche de perles qu'on connoisse au monde, se fait proche de l'isle de Baharen, qui est dans le Gol-

<small>*en perles, & en Bdellium; en Onyx, & en toutes sortes de pierreries.*</small>

phe Persique, prés de la coste de Chavilah, & à laquelle conduit le Phison. Les Auteurs anciens & recens parlent de ces perles, qu'on prefere à toutes les perles du monde: & mesme toute cette coste, depuis Mascate jusqu'au Catif, est fertile en perles. L'Arabie n'estoit pas moins abondante en Bdellium, gomme precieuse, qu'on appelle aujourd'huy de l'Anime. Elle ne l'estoit pas moins *en pierres d'Onyx*, qui au rapport de Pline ne se trouvoient que dans les montagnes d'Arabie. D'ailleurs les environs du Tigre & de l'Euphrate, estant alors les païs du monde les plus peuplez & les plus puissans; & les marchandises y abordant de tous costez, celles d'Arabie, si necessaires au luxe & aux plaisirs n'y estoient pas oubliées, & la province de Chavilah qui estoit

Plin. lib. 36. cap. 7.

sur la route, servant d'entrepost, il falloit que toutes les pierreries, & tous les arromates d'Arabie s'y trouvassent en abondance.

VII. En suivant l'ordre de Moyse, aprés avoir traversé le canal occidental, par où le Tigre & l'Euphrate joints ensemble tombent dans la mer, on rencontre le canal oriental, qui doit estre par consequent *le Gehon*. *C'est celuy qui tournoye dans toute la terre de Chus*, c'est-à-dire dans la Susiane, qui retient encore cet ancien nom, & qu'on appelle aujourd'huy *Chuzestan*, & qui est la mesme que l'Ecriture appelle ailleurs *Cutha*, selon la diversité des dialectes. De ce nom de *Chus* se sont formez les noms des *Cosséens*, & des *Cissiens*, peuples de la Susiane, dont les Auteurs prophanes font mention. Et c'est ce qui leur a fait dire que la mere

Le second fleuve est le Gehon, qui arrose la terre de Chus.

4. Reg. 17. 24.

de Memnon, prince de la Sufiane, estoit Cissienne.

Le troisiéme est le Tigre, qui va vers l'Assyrie: & le quatriéme est l'Euphrate.

VIII. *Le troisiéme fleuve Chiddekel, qui va vers l'Assyrie*, est le Tigre. Le nom le montre, car ostant la premiere lettre de *Chiddekel*, qui n'est qu'une aspiration, il reste *Dekel*, d'où se sont formez les noms de *Diklat*, *Diglath*, *Degil*, *Degela*, *Diglito*, & *Tigris*. Si du lieu où je place le Paradis terrestre, on pouvoit voir la disposition du lit qu'occupe ce fleuve, on remarqueroit qu'il va en effet vers l'ancienne Assyrie, dont la capitale estoit Ninive. Et *le quatriéme fleuve* enfin est *l'Euphrate*, qui a conservé son nom jusqu'à present.

Toutes les marques par lesquelles Moyse a designé la situation du Paradis, ne

IX. Si l'on examine sans prevention tous ces caracteres, par lesquels Moyse a voulu faire reconnoistre la situation du Paradis terrestre, l'on trouvera non seulement qu'ils quadrent exactement à celle que je propose, mais mesme qu'ils ne peuvent convenir à aucune autre, ni de celles qu'on a imaginées jusqu'à present en tres-grand nombre, ni de celles que l'on peut imaginer. Car il n'y a point d'autres provinces de Chavilah & de Chus, que celles que j'ay marquées, où l'on puisse trouver un Phison & un Gehon : il n'y a point d'autre Tigre qui aille vers l'Assyrie : il n'y a point d'autre Euphrate, de qui on puisse dire qu'il fait une des quatre testes, qui partageoient le fleuve, qui arrosoit le Paradis terrestre : & il n'y a point enfin d'autre lieu, que celuy où j'ay placé le Paradis, qui soit arrosé d'un fleuve divisé en ces quatre que je viens de nommer.

peuvent convenir qu'à celle que j'ay proposée.

X. Du reste il ne faut pas que *La question de la situa-*

les ames pieuses soient choquées de la nouveauté de ce sentiment, si éloigné de ce que les Peres de l'Eglise ont pensé. J'ay fait voir dés le commencement de ce Traitté, qu'ils ont esté partagez eux-mesme en une infinité d'opinions differentes, & qu'il n'y a entre eux, ni dans l'Eglise, aucune uniformité de doctrine, ni de tradition sur ce sujet. Et aprés tout, saint Augustin declare que la question de la situation du Paradis terrestre, ne touche aucunement à la Foy qui nous fait Chrestiens, & qu'on peut croire là-dessus le vray ou le faux sans aucun peril d'heresie.

tion du Paradis terrestre ne touche point à la Foy.

August. De peccat. orig contra Pelag. & Cælest. lib. 2. cap. 23.

FIN.

TABLE

TABLE
DES MATIERES.

A

ABRAHAM élevé dans la Susiane, parmy les Sabiens. 179.

Abraham persecuté par le Roy des Sabiens. 178.

Abulla, riviere. 211, 212.

Acis, fleuve de Sicile, pourquoy ainsi nommé. 191.

Adana, ville de Cilicie. 32. 155.

Adana, ville mediterranée de l'Arabie Heureuse. 32.

Aden, ou Adana, port de l'Arabie Heureuse. 32.

Jardins d'Adonis, formez sur le Paradis terrestre. 208.

Adiabene. 197. 199.

Ælius Gallus envoyé en Arabie par Auguste. 144.

Jardins d'Alcinoüs formez sur le Paradis terrestre. 208.

Alexandre changea le veritable lit du Phison. 115.

Alexandre osta les sauts & les cataractes de l'Euphrate & du Tigre. 88.

Alexandre remit l'Euphrate dans son ancien

lit. 86. 87. 88.

Alileens, Peuples d'Arabie, abondans en or. 126.

Amenophis, Roy d'Egypte, appellé la Pierre parlante. 184.

Amenophis pourquoy confondu avec Memnon. 174. 184.

Andromede cruë Ethiopienne & blanche par quelques-uns. 185.

Anime, Bdellium. 180.

Anuchtha, ville baſtie par Caïn. 213. 214.

Aracca, ou Erec. 18. 37.

Arabie d'où ainſi nommée. 41. 230.

Arabie fertile en or. 125, & *ſuiv.* en perles, 137. en pierreries. 142, & *ſuiv.*

Arabie Heureuſe, ſurnom du port d'Eden. 32.

L'Arabie ſeule, ſelon l'opinion des Anciens, porte l'Onyx. 145.

L'Araxe eſt le Gehon, ſelon quelques-uns. 8. 147.

L'Arche de Noë ſe repoſa ſur les Monts Gordyens. 218. 219.

L'Aſſyrie confonduë avec la Syrie. 198.

Aſſyrie, grand Empire, compoſé de pluſieurs provinces. 197. 198.

Aſſyrie, petite province aux environs de Ninive, autrement nommée Adiabene. 197. 199.

Aſtapus, en Ethiopien, ſignifie Eau ſortie des tenebres. 153.

Atergatis, nom formé de Derceto. 188.

Atyrie, pour Aſſyrie. 170.

L'Aurore, pourquoy nommée Ciſſienne. 172. 238.

DES MATIERES.
B

Babylonie, & son étenduë. 35, & suiv.
Baharen, isle du Golphe Persique. 11. 4. appartenant au Roy de perse. 137.
Baharen, fertile en perles, plus qu'aucun lieu du monde. 132. 235. 236.
Baharen porte aussi des pierreries. 145.
Basalle, pierre qui a la couleur & la dureté du fer, d'où ainsi nommée. 180.
Bassora, quand bastie, & par qui. 178.
Bassora, située dans un païs fort fertile, & fort agreable. 211. 212.
Bavan, riviere. 212.
Bdellium, aromate, qu'on croit estre l'Anime. 7. 130. 136.
Bdellium d'Arabie. 137. son origine. 138.
Bdellium de la Bactriane. 137.
Bdellium Scythique. 137.
Bdellium, terme diversement interpreté. 7.
Bedolach, & sa signification. 129, & suiv.
Le Berylle est une espece d'Onyx, selon Arias Montanus. 142.
Beth-Eden, vallée de Syrie. 31.
M. Bochart semble se contredire sur la signification du Paradis. 12, & suiv.

C

Opinion de Calvin sur la situation du Paradis terrestre. 12. 19.
Calthua, ville d'Arabie. 124.
La Canicule, pourquoy nommée Sirius. 150
Caput, & sa signification. 73. 74.
Catif, ville d'Arabie. 137.

TABLE

Carek, isle du Golphe Persique, abondante en perles. 136.

Cassanites, Peuples d'Arabie, abondans en or, 126.

Ch aspiration, tombe souvent du commencement des mots. 187.

Chablasiens, habitans du païs de Chavilah. 123. 124.

Chader, isle. 80. 92. 114. 221. *V. Messene.*

Chader isle, d'où ainsi nommée. 210.

Chammanim. 176.

Champs Elysiens, formez sur le Paradis terrestre. 208.

Les Chananeens intelligens dans l'Astronomie. 217. laisserent leur science Astronomique gravée sur des pierres 218.

Chariclée Ethiopienne & blanche. 185.

Chaveléens, habitans du païs de Chavilah. 123.

Chavilah, nom des deux Provinces differentes d'Arabie. 121.

Chavilah ou Chaulan. 12. 121.

Chavilah où située. 7. 124. extremité orientale de l'Arabie voisine de la Terre Sainte. 234. fertile en or. 235.

Chavilah, ainsi nommée de Chavilah, fils de Chus. 122.

Chavilah partie des Indes, que parcourt le Gange, selon quelques-uns. 7. 120.

Chavilah est la Getulie, selon Josephe & saint Jerosme. 120.

Chavilah est la Susiane, selon quelques-uns. 7. 120.

Chavlasiens, habitans du païs de Chavilah. 123. 124. 135.

DES MATIERES.

Chavlothéens, habitans du païs de Chavilah. 123. 124.

Chemin Memnonien. 181. 183.

Chiddekel, le Tigre, autrement Diglath. 186. 238.

Chiddekel n'eſt point le Naharmalca. 194. 195.

Ciſſie, province de la Suſiane. 171.

Ciſſie, ville de la Suſiane. 171. 172.

Ciſſiens, peuples de la Suſiane. 171. 237.

Colonnes des deſcendans de Seth. 215, &c.

Coſſéens, peuples de la Suſiane. 171. 237.

Chus ſignifie l'Etiopie & l'Arabie. 8. 158. 165.

La Chus Arabique ne s'éloignoit pas du Golphe Arabique. 166. 167.

Chus ſignifie la Suſiane, 165, & ſuivans. 237. aujourd'huy Chuzeſtan. 168. 237. ſituée à l'Orient de l'embouchure de l'Euphrate, 159. nommée Cutha dans l'Ecriture. 168.

Chuzeſtan, autrement Chureſtan. 168.

Cutha, la Suſiane. 168. 169.

Cuthéens. 169.

Cuthus, fleuve imaginaire. 170.

Cydnus, fleuve de Cilicie, nommé aujourd'huy Sichon. 155.

Le Cyrus fleuve, eſt le Phiſon, ſelon quelques-uns. 7.

D

Verger de Damas. 212.

Le Danube eſt le Phiſon, ſelon quelques-uns. 7. 105.

Le Danube eſt mis au nombre des Fleuves, qui portent l'or & les pierreries. 105.

Darab, Roy de Perſe, expoſé dés ſon en-

fance fur l'Oxus. 156.
Degela, le Tigre. 189.
Degil, le Tigre. 189.
Derceto, origine du mot Atergatis. 188.
Digues, fur la coſte du Golphe Perſique. 110.
Diglath, le Tigre. 189.
Diglito, le Tigre. 189. 192.
Diklat, le Tigre. 189.
Diridotis. *Voyez Teredon.*

E

L'Ecriture contient des myſteres dans l'arrangement meſme de ſes paroles, ſelon ſaint Jeroſme. 71.

Eden, ſi c'eſt un nom propre, ou un nom appellatif. 23, *& ſuiv.*

Eden, nom de pluſieurs lieux. 31. 32.

Eden, province de Babylonie. 35, *& ſuiv.* 229. ſa fertilité. 229. 230.

Eden, region jointe à celle de Saba par Ezechiel. 127.

Eden marqué de cinq points, & *Eden* marqué de ſix, ſont la même choſe. 28. 35.

Eden, pourquoy ainſi nommée. 210.

Eden, nom donné à l'Iſle Gezair. 211.

Eden, vallée de Syrie. 31.

Eden, village de Tripoli. 32.

Egliſes des Chrétiens, pourquoy tournées vers l'Orient. 47. 48.

L'Egyte, pourquoy appellée noire. 151.

La langue Egyptienne, approchante de l'Ebraïque. 180.

El-Idris, nommé mal-à-propos Geographe Nubien. 58.

DES MATIERES.

Emathion, frere de Memnon. 181. 185.

Embouchures de l'Euphate. 221, *& suiv.*

Ereb, ou Occident, nom donné à la rive occidentale du Tigre. 41. 230.

Erec. 36.

L'Ethiopie, cruë par les Anciens voisine des Indes. 60. 61.

Ethiopiens orientaux & occidentaux. 166.

Art des Etymologies necessaire dans l'usage des belles lettres. 187.

Eulée, fleuve, a esté nommé l'Asitigre, Tigre, & Euphrate. 117. 118.

L'Euphrate, sa source, son cours, ses divers canaux, & ses debordemens. 79, *& suiv.* ses cataractes. 88. ses embouchures. 221, *& suiv.* ses debordemens. 59.

L'Euphrate, d'où ainsi nommé. 201, *& suiv.*

L'Euphrate bourbeux, contre le témoignage de Theophraste. 90.

L'Euphrate fort élevé. 84.

L'Euphrate plus élevé que le Tigre. 195.

L'Euphrate affoibli par les saignées des Arabes. 85. 86. 225, *& suiv.*

L'Euphrate, & ses eaux sont un remede contre toutes sortes de maladies, selon l'opinion des Arabes. 205.

L'Euphrate, venu du Ciel, selon l'opinion des Mahometans. 154.

L'Euphate ne se joignoit autrefois au Tigre que par un seul canal. 81.

L'Euphrate produisoit le Nil, selon l'erreur des Anciens. 61. 162.

L'Euphrate a esté cru par quelques-uns avoir la mesme source que le Tigre. 61.

TABLE

païs inondé de l'Euphrate, s'appelloit autrefois la Mer. 84.

s' rives de l'Euphrate, estoient le païs de monde le plus peuplé du temps de Moyse. 128.

F

Fleche, en langue Persane, *Tigris*. 190.
Fleche, en langue Persane, *Tojor*. 190.
Nil comparé à une fleche. 191.
euve des Arabes. *Voyez Schat-el-Arab*.
euve formé de la jonction du Tigre & de l'Euphate. 17. 18.
euves du Paradis coulent sous terre, pour aller chercher d'autres issuës. 12.
Testes des Fleuves dans Moyse. 223. 224. 232.
ort de Spasine, autrefois éloigné de la Mer de cinquante lieuës, selon Pline. 90.

G

E Gange est le Gehon, selon quelques uns. 147.
e Gange est le Phison, selon quelques-uns. 7. 16. 97.
e Gange & le Nil ont esté crus naistre d'une mesme source. 59. 60.
e Gange est saint, selon l'opinion des Indiens. 97. 99.
e Gange, riviere celeste, selon les Brachmanes. 154.
e Gange donne de l'or & des pierreries. 98.
e Gange nourrit des Crocodiles & des Hippopotames. 59.

DES MATIERES.

Le Gange a des débordemens reglez. 59.

Gehon est le Canal oriental des deux, en quoy se divisent l'Euphrate & le Tigre joints ensemble. 20. 21. 108. 158.

Gehon, pourquoy ainsi nommé. 159. & suiv.

Gehon est le canal occidental des deux, en quoy se divisent l'Euphrate & le Tigre joints ensemble, selon quelques-uns. 8. 147. 157, & suiv. sujet aux accroissemens dans son embouchure. 159.

Gehon est l'Araxe, selon quelques-uns. 8. 147.

Gehon est le Gange, selon quelques-uns. 147.

Gehon est le Naharmalca, selon quelques-uns. 147.

Gehon est le Naharsarés, selon quelques-uns. 147.

Gehon est le Nil, selon l'opinion commune. 8. 99. 147. 148.

Gehon est l'Oxus, selon les Arabes. 147. 154.

Gehon fleuve de Cilicie, est le mesme que Pyramus. 155.

Gehon, ruisseau proche de Jerusalem, nommé autrement Siloë. 8. 147.

La Geographie ancienne fort defectueuse. 61. 105. 106.

La Getulie est Chavilath, selon Josephe & saint Jerosme. 120.

Gezair isle, pourquoy ainsi nommée. 211.

Gichon, nom du Nil, chez les Abyssins. 148.

Le Giroflier, arbre du Paradis terrestre, selon l'opinion des Indiens. 103.

Giulfal, porte des pierreries. 145

Le Golphe Persique a de grandes marées dans

L v

TABLE

son extremité. 110. a des digues sur sa coste. 110. fertile en pierreries. 143.
Monts Gordyens. 218. 219.

H

Haoula, faussement cruë Ceilan. 176.
Hippopotames du Gange. 59.
Hippopotames de la riviere de Petzora. 59. 60.
L'Hydaspe est le Phison, selon quelques-uns. 102.
L'Hyphasis est le Phison, selon quelques-uns; 7. 102. 103.
L'Hyphasis guerit les fievreux. 103.
L'Hyphasis porte le Giroflier. 103.

I

Jardins d'Adonis, & leur origine. 24. & *suiv.* 208.
Jardins d'Alcinoüs, & leur origine. 208.
Jardins des Hesperides, & leur origine. 208.
Jardins de Juppiter, & leur origine. 208.
Jardin d'or donné à Pompée par Aristobule. 24. 25. pourquoy nommé Ἱερπωλὴ, & Ἱερπνόν. 24.
Jardins de Syrie. 209.
Jardins du monde; quatre lieux celebres d'Asie ainsi nommez. 211. 212.
Jardins precieux des Princes d'Orient, & leur origine 24.
Jatsa, est le terme le plus propre qu'ayent les Ebreux pour signifier en parlant d'un cours d'eau, *Sortir en s'écoulant pour passer en un autre lieu.* 63.

DES MATIERES.

Jaxarte riviere, pourquoy nommée Sichon. 154. 155. venuë du Ciel, selon les Mahometans. 154. 155.

Les Indes & l'Ethiopie, confonduës par les Anciens. 160.

Le nom des Indes derivé de celuy d'Eden, selon quelques-uns. 102.

L'Inde Fleuve, est le Phison, selon quelques-uns. 102.

Indoscythie. 137.

Josephe corrigé. 193. peu savant en Ebreu. 160. 161. 193. 204. Il se trompe sur l'origine du mot Gehon. 160. 161.

Iraque, Province & son étenduë. 36. a tiré son nom d'Erec. 36.

Isles fortunées, & leur origine. 208.

Jupiter, selon les Egyptiens, est le Nil. 152.

K

K*Edem*, ou Orient, nom donné aux païs situez sur la rive orientale du Tigre. 41. 43. 230.

Kidmath, & sa signification. 156.

L

Livre des Sabiens, surnommé Oriental. 177.

Opinion des Theologiens de Louvain sur la situation du Paradis terrestre. 19.

M

Mages venus de Saba, pour adorer nostre Seigneur. 128.

Sentiment de Mahomet sur les fleuves du

TABLE

Paradis terrestre. 70.
La Manne estoit de la couleur du Bedolach. 131.
Mausal confonduë avec Ninive. 199.
Melas & Melo, noms du Nil. 150.
Memnon né dans la Susiane. 41. cru fils de l'Aurore, & pourquoy. 41. 172. cru Ethiopien, & pourquoy. 173. cru blanc, quoyqu'Ethiopien, par quelques-uns. 185. confondu avec Amenophis. 174. fondateur de Suse. 172. sa sepulture. 183. sa statuë parlante. 175, & suiv. son Temple à Thebes. 175.
Verité de l'histoire de Memnon. 180, & suiv.
Murs Memnoniens de Suse. 172.
Palais Memnoniens de Suse. 172. & de Thebes. 175.
Memnonium, Citadelle de Suse. 172.
Mer des Indes. 135.
Mer de Perse, partie de celle des Indes. 134.
Mer d'Ethiopie. 135.
Messene, isle. 80. 92. 221. 222. V. Chader.
Mocali, riviere. 211.

N

Nabathéens, c'est-à-dire Orientaux. 177.
Nabuchodonosor detourna les eaux de l'Euphrate par plusieurs canaux. 82. 83.
Nabuchodonosor dompta la violence de la Mer Persique par des digues. 89. bastit la ville de Teredon. 89.
Nabuchodonosor ou Baltasar, pourquoy nommé Lucifer, fils de l'Aurore 173.
Nachal, nom du Nil. 150.
Naharmalca, canal fait à la main. 194.

DES MATIERES.

195. c'est le Gehon, selon quelques-uns. 147. c'est le Phison, selon d'autres. 106. Naharsares est le Gehon, selon quelques-uns. 147.

Naïd. *Voyez Nod.*

Le Nil, d'où ainsi nommé 150. nommé Astapus par les Ethiopiens. 153. nommé Nuchul, par les mesmes 150. nommé souvent Nachal, *Torrent*, dans l'Ecriture. 150. nommé Siris, & Sirius par les Egyptiens. 150. nommé Gichon par les Abissins. 148. nommé Schichor par les Ebreux. 149. 150. Melas par les Grecs. 150. Melo par les Latins. 150.

Le Nil a sa source dans les Indes, selon l'erreur des Anciens. 60. 160. il a esté cru sortir d'une mesme source que le Gange. 59. 60.

Le Nil est un écoulement de l'Euphrate, selon Pausanias & Philostrate. 61. 162.

Le Nil est le Gehon, selon quelques-uns. 8. 16. 147. 148. le Phison, selon d'autres. 7. 104.

Le Nil pourquoy appellé διιπετής, *tombé de Jupiter*. 152. 153. & descendu du Ciel. 152. *& suiv.* il a sa source sous le throne de Jupiter, selon Plaute. 153.

Le Nil mis au nombre des Dieux par les E-Egyptiens. 152. adoré sous les noms d'Osiris, d'Orus, & de Jupiter. 152. peint de couleur noire sous la personne d'Osiris. 150. ses Prestres. 152. sa feste. 152.

Le Nil & sa source estimez saints & sacrez. 152.

TABLE

Le Nil noir. 151.
Le Nil comparé à une fleche. 191.
Cause des débordemens du Nil. 153.
Ninive mal-à-propos confonduë avec Mausal. 199.
Nod, ou Naïd, & sa signification. 214. 215.
Nozelim, & sa signification. 75.
Nuchul, nom du Nil. 150.

O

L'Onyx, selon Saint Jerosme & Saadias, est la mesme chose que la Sardoine. 141.
L'Onyx, selon l'opinion des Anciens ne se trouvoit qu'en Arabie. 145. 236.
Orient, dans l'Ecriture signifie les païs situez entre le Golphe Persique & la Judée. 178.
Orient, nom des païs situez à l'embouchure de l'Euphrate. 173.
Orient, nom donné à la rive orientale du Tigre. 41.
L'Orient est regardé en face par les Ebreux dans leurs descriptions geographiques. 99. 100.
Les Orientaux nommez Fils de l'Orient. 173.
Oroatis fleuve, nommé Pasitigre par les soldats d'Alexandre. 116. 117.
Orus est le Nil. 152.
Osiris est le Nil. 152.
L'Oxus, riviere, est le Gehon, selon quelques-uns. 103. 147. il est le Phison, selon Haython. 103. riviere venuë du Ciel, selon les Mahometans. 154.

DES MATIERES.

P

PAllacopas, canal de l'Euphrate. 86.
Le Paradis terrestre, où situé. 17, & suiv. 20. 37. 50. 51, & suiv. 231. diversité d'opinions sur ce sujet. 4. 5. son étenduë. 9. le temps de sa creation. 9. s'il avoit les animaux dans son enceinte. 10. le païs où il estoit situé est fort fertile. 206, & suiv. s'il est spirituel ou materiel. 9.

Paradis de Dieu, ce que c'est dans l'Ecriture, 207.

Paradis, riviere de Cilicie. 156.

Paradis, ville de Syrie. 31.

Pasitigre, riviere. 116. 117.

Perles du Golphe Persique. 133, & suiv. du Pont Euxin. 104.

Les Perses ignorans dans la navigation. 87.

Plusieurs mots de l'ancienne langue Persique ont passé dans la moderne. 190.

Pesilim, figures entaillées sur des pierres dans la Syriade. 216. 217.

Le Phase est le Phison, selon quelques-uns. 104.

Le Phison, fleuve de Paradis, est le canal occidental des deux, par où le Tigre & l'Euphrate joints ensemble, tombent dans la mer. 20 108. le canal oriental des deux mesmes, selon d'autres. 7. 107. le Gange, selon d'autres. 7. 16. 97. l'Hydaspe, selon d'autres. 102. l'Hyphasis, selon d'autres. 7. 102. 103. l'Inde, selon d'autres. 102. le Nil, selon d'autres. 7. 104. sa veritable situation. 115. diversité d'opinions sur ce sujet 7.

TABLE

Le Phison, d'où ainsi nommé. 109, *& suiv.*

Le Phison a communiqué son nom, à d'autres rivieres. 115.

Pierreries du Golphe Persique. 143.

Des Pierreries du Rational du grand Prestre des Ebreux, le Sapphir & le Jaspe ont seuls gardé leurs noms. 140.

Les noms Ebreux des Pierreries ne sont point entendus. 139. 140.

Pline noté. 192.

Prez de Pluton, formez sur le Paradis terrestre. 208.

Pyramus, fleuve de Cilicie, aujourd'huy Gehon. 155.

R

Rhegma, ville d'Arabie, fertile en or, & en pierreries. 128. 143.

Rosch, & sa signification. 73.

S

S changée en *t* & en *th*. 170.

Saba. 143. voisine de Chavilah. 127.

Sabbi, Chrestiens de saint Jean. 178.

Sabéens, peuple riche & abondant en or. 126.

Sabéens, nom commun à plusieurs peuples. 126. 127.

Sabiens, peuple. 40. nom de secte. 179. répandus dans tout l'Orient. 179. adorateurs du Soleil. 177. forgeoient des statuës à l'honneur des Planetes. 177. leur livre de l'Agriculture. 40. habitoient au commencement dans la Chaldée & vers le bas de l'Euphrate. 178.

DES MATIERES.

Sabiens, c'est-à-dire Orientaux. 177. 178.
of. Scaliger noté. 169. son opinion sur la situation du Paradis. 19.
chat-el-Arab, fleuve. 65. 116. 221. sa largeur. 92. 93.
chichor, nom du Nil. 149, & suiv.
choham, & sa signification. 139, & suiv.
cythie, & Indoscythie, partie des Indes méridionales. 137.
ehirath est la Syriade de Josephe. 216.
e Septentrion placé à la gauche des Ebreux. 100.
ichon fleuve, le mesme que Cydnus. 155.
iloë torrent, pourquoy ainsi nommé. 159. 160. 191.
iris & Sirius, noms du Nil. 150.
irius, nom de la Canicule. 150.
iris & Sirius, noms dérivez de Schichor. 150.
e Soleil adoré par plusieurs peuples de l'Orient. 177.
olin, noté. 192.
ollax ou Sulax, nom du Tigre, & son origine. 191.
olymes, depuis nommez Pisidiens. 182.
Sulax. Voyez Sollax.
Sur, desert, extrémité occidentale de l'Arabie voisine de la Terre-Sainte. 122. 234.
Suse, d'où ainsi nommée. 170. 171.
Syriade, & sa situation. 216.
Syrie, d'où ainsi nommée. 198.
Les Syriens aiment le jardinage. 209.

TABLE

T

TAbles Astronomiques des Chananéens. 217.

Taijaron, & sa signification. 192.

Talatha. *Voyez Thelassar.*

Talismans solaires. 176.

Temple de Salomon, pourquoy tourné à l'Occident. 47.

Temples des Romains, tournez autrefois à l'Occident, & ensuite à l'Orient. 48.

Teredon, ville située sur l'embouchure du Phison. 93. 138. 139. bastie par Nabuchodonosor. 89.

Τερπνὸν, & τερπωλὴ, jardin d'or d'Aristobule. 24.

Thelassar ou Talatha, ville de Babylonie. 32.

Thor, pour Sor. 170.

Le Tigre, sa source, son cours, & ses divers canaux. 79, *& suiv.* Ses cataractes. 88. en quel sens Moyse dit qu'il va vers l'Assyrie. 199. 200. venu du Ciel, selon les Mahometans. 154. a des débordemens réglez. 59. bourbeux, contre le témoignage de Theophraste. 90.

Le Tigre a esté crû par quelques-uns avoir la mesme source que l'Euphrate. 61.

Le lit du Tigre est fort bas. 84.

Le Tigre, pourquoy ainsi nommé. 187. 193. 194.

Fausses origines du nom de Tigre fleuve, & du nom du Tigre animal. 190, *& suiv.*

Le Tigre nommé autrement Sollax & Sulax, & pourquoy. 191.

DES MATIERES.

Tigre, nom commun à plusieurs rivieres 194.

Tigris signifie une fleche, en langue Persane 190.

Tithon. 181, *& suiv.*

Tojor, une fleche en Persan. 190.

Trajan est en grand peril dans l'isle que produit la separation du Tigre & de l'Euphrate. 89. 93. 94. veut joindre l'Euphrate au Tigre par un nouveau canal. 84.

Tylos isle, aujourd'huy Baharen, selon l'opinion de plusieurs. 134.

V

UNe version pour estre bonne doit representer jusqu'aux ambiguitez de l'original. 22.

www.ingramcontent.com/pod-product-compliance
Lightning Source LLC
Chambersburg PA
CBHW050654170426
43200CB00008B/1280